ANLEITUNG ZUM UNHÖFLICHSEIN

Moritz Freiherr Knigge
mit
Michael Schellberg
Kajo Titus Strauch

ANLEITUNG ZUM UNHÖFLICHSEIN

Von der Kunst, sich virtuos
danebenzubenehmen

SCHWARZKOPF & SCHWARZKOPF

INHALT

VORWORT

Man muss sich einfach klarmachen, dass jede Vorstellung von einem Gesetz eine hemmende Wirkung besitzt. Es gestattet nur eine Sicht der Dinge, nur einen möglichen Weg, nur eine korrekte und erlaubte Verhaltensweise. Wenn man ein Gesetz als Erfindung begreift, dann betrachtet man für einen Moment nicht jene, die sich vermeintlich falsch benehmen, sondern den Erfinder, den Menschen, der dieses ausgesprochen hat.

Heinz von Foerster, *Wahrheit ist die Erfindung eines Lügners*

Mein Name ist in Deutschland Synonym geworden dafür, wie man etwas richtig tut. Dafür verantwortlich ist ein Familienmitglied: Adolph Freiherr Knigge. Der hat Ende des 18. Jahrhunderts vom Umgang mit Menschen geschrieben und gilt bis heute den meisten als Erfinder von Verhaltensregeln. Als Verfasser eines Regelkataloges und strenger Benimmpapst. Als der, der weiß, was immer und überall geboten und verboten ist. Als der, der uns die *eine* Sicht der Dinge, den *einen* möglichen Weg, die einzigen korrekten und erlaubten Verhaltensweisen im Umgang mit Menschen offenbart.

Das ist aber Quatsch.

Die Welt ist zu bunt, als dass sie sich zwischen zwei Gesetzbuchdeckel sperren ließe. Als Abziehbild der Wirklichkeit taugt es nicht, das Miteinander. Erfunden von Erfindern, die sich ihrer eigenen Erfindungen nicht bewusst sind, aber uns vorgaukeln, um den Umgang sei es so und nicht anders bestellt. Da wird erfunden, was das Zeug hält, und Wahrheit beansprucht.

Das ärgert mich maßlos. Weil es dem Umgang mit Menschen nicht dient, sondern ihn hemmt. Der Umgang miteinander soll aber nicht mühsam sein, sondern Freude machen.

Deshalb, liebe Erfinder eindimensionaler Gesetze, seid ihr in mein Visier geraten. Weil Menschen sich *ent*spannen und nicht *ver*spannen möchten.

NICHTS ÜBERLEBT DAS NACHDENKEN

Alles Denken ist unmoralisch. Sein eigentliches Wesen ist Zerstörung. Wenn Sie über etwas nachdenken, töten Sie es.

Oscar Wilde, *Eine Frau ohne Bedeutung*

Worte wie Gewehrkugeln, aus der Feder jenes Mannes, der so viele Bonmots wie Krawatten hinterließ. Oscar Wilde: Dandy aller Dandys, Sklave aller Spiegel.

»Nichts überlebt das Nachdenken darüber«, heißt es weiter. Auch die Höflichkeit nicht. Gerade sie nicht. Was wurde alles über sie gedacht, geredet und geschrieben. Auch ich habe meinen Teil dazu beigetragen. Doch mit welchem Ergebnis? Wir haben die Höflichkeit mürbe gemacht, weich gekocht, zerlegt bis zur Unkenntlichkeit. So lange, bis wir uns nicht einmal mehr darauf einigen konnten, ob wir vom gleichen Thema sprechen.

Wir haben sie für ineffizient erklärt.

Zur Anstandsdame gemacht.

Ihren frühen Tod beweint.

Ihr Heuchelei vorgeworfen.

Und uns ihrer sicher gefühlt.

Wir haben so lange an ihr herumgezerrt, bis sie da lag, wo sie nun liegt: auf der Intensivstation. Die vormals so vitale Höflichkeit, da röchelt sie nun vor sich hin, und wir können nur Gesundheit wünschen.

Darf man das eigentlich?

Deshalb, ihr Unhöflichen – Schluss mit dem Nachdenken über die Höflichkeit. Sie schwebt in Lebensgefahr. Keinen Gedanken mehr darüber, wo sie geblieben ist, warum wir sie brauchen oder gerade nicht, wer sie vertrieben hat und dass früher, als sie da war, alles besser war. Die Höflichkeit braucht Ruhe.

Wir hingegen müssen noch wach bleiben. Wir müssen uns ansehen, was wir sträflich vernachlässigt haben: die Unhöflichkeit. Dieses ungehobelte Biest, das auf derselben Tanzfläche Pogo tanzt, auf der wir uns zu Tode langweilen. Was wir über dieses Rumpelstilzchen wissen? Bis dato nur, dass sich die meisten ständig angerempelt fühlen.

Doch wozu eine Anleitung? Unhöflich sein kann doch schließlich jeder, wie es scheint. Das stimmt, und doch stimmt es nicht. Ich spreche nicht von den Ungeschicklichkeiten. Ich spreche von Strategien und Taktik, von Schlachtplänen und Winkelzügen, von der Theorie und Mechanik des Unhöflichseins. So wie Adolph Freiherr

Knigge in *Über den Umgang mit Menschen:* »Kein vollständiges System, aber Bruchstücke, vielleicht nicht zu verwerfende Materialien, Stoff zum weiterm Nachdenken.«

Mein Buch überlässt die Unhöflichkeit nicht länger dem Zufall. Es befreit sie aus dem Unbewussten und zerrt sie ans Licht. In Form gebracht, geordnet, zu Ende gedacht, zu Fall gebracht. Durch Nachdenken selbst zerstört. »Wenn Sie über etwas nachdenken, töten Sie es. Nichts überlebt das Nachdenken darüber.«

Sollte Wilde recht haben, dann ist dem Unhöflichsein nichts verhasster als die eigene Anleitung. Außerdem ist alles Ehrenhafte nützlich.

Au Backe. Merkt ihr was? Ich denke schon wieder über die Höflichkeit nach. Das sollte ich nicht, sonst stirbt sie ausgerechnet in meinen, in Knigges Armen.

DESHALB, UNHÖFLICHE:

Schluss damit. Jetzt mache ich euch zu Meistern im Unhöflichsein. Jetzt rappelts im Karton. Kommt mit. Dreh den Bass auf, DJ. Wir schwingen den Hintern auf die Tanzfläche.
Kill your idols.
Nimm dies, Rumpelstilzchen!

BELÄCHELN

Warum es sich lohnt, der Höflichkeit die Zähne zu zeigen

»Aber ich möchte nicht unter Verrückte kommen«, meinte Alice. »Oh, das kannst du wohl kaum verhindern«, sagte die Grinsekatze: »Wir sind hier nämlich alle verrückt. Ich bin verrückt. Du bist verrückt.« – »Woher willst du wissen, dass ich verrückt bin?«, erkundigte sich Alice. »Wenn du es nicht wärest«, stellte die Grinsekatze fest, »dann wärest du nicht hier.«

So wie die Grinsekatze aus Lewis Carrolls Kinderbuch *Alice im Wunderland* ist das Belächeln der Höflichkeit Meister der Logik und des Kalküls. Es bringt Bewertungen ins Spiel. Denn Höflichkeit kostet Zeit.

»Bedenke, daß die Zeit Geld ist; wer täglich zehn Schillinge durch seine Arbeit erwerben könnte und den halben Tag spazieren geht, oder auf seinem Zimmer faulenzt, der darf, auch wenn er nur sechs für sein Vergnügen ausgibt, nicht dies allein berechnen, er hat nebendem noch fünf Schillinge ausgegeben oder vielmehr weggeworfen.«

Diesen Rat schrieb Benjamin Franklin, der Urvater des Belächelns der Höflichkeit und Zeitgenosse meines berühmten Ahnen Adolph Freiherr Knigge, jungen Kaufleuten hinter die Ohren, als die Uhr sich anschickte, landauf, landab den lästerlichen Müßiggang des frühindustriellen Humankapitals zu beenden. Sein goldenes Wort ist Maxime protestantisch-kapitalistischen Arbeitsethos, und wer will heute noch dessen Weltgeltung bestreiten. Wohl nur, wer nicht mehr klaren Verstandes oder noch nicht restlos befriedigenden Bankvermögens ist. Doch würden Franklin und seine Glaubensbrüder niemanden abschreiben. Sich regen bringt Segen. Wer nichts hat, kann etwas werden. Blicke er nur stets auf die

Uhr statt auf die Menschen. Und glaube fest an alles, was sich messen und zählen lässt.

Gemäß einer McKinsey-Studie der Boston Consulting Group verschlingen soziale Verkehrsformen der Belegschaft allein in den fünf größten DAX-Konzernen Arbeitszeit im Wert von mehr als 9,8 Milliarden Euro pro Jahr. Das ist zwar frei erfunden, klingt aber dreist kriminell. Wer im Job also Ziele hat, kaschiere angesichts solcher Zahlen die kalte Wut auf die allmorgendlich gleichen »Na, wie gehts?«-Gesichter der Kollegen mit bleierner Verachtung. Klar haben diese Gefühlsdussel Zeit zu quatschen. Stehlen sie sie doch der Gemeinschaft der Produktivkräfte! Doch das wird nicht ohne Folge bleiben. Die Teamleitung sieht das ebenso ungern, wie es Benjamin Franklin täte. Das Belächeln kann rechnen wie ein Intel-Quadcore-Prozessor. Und investiert Energie in den täglichen Office-Infight mit maximalem Leverage-Effekt, statt sie für barocken Flitterputz und immer gleiche Tingeltangel-Rituale zu verpulvern.

»Tolles Wetter, nicht wahr?«

»Mann – wenn du wüsstest, wie mir dein Wetter zum Hals raushängt. Hier haste 'nen Zehner, kannste der Parkuhr vom Wetter erzählen.«

Für meine jüngeren Leser: Parkuhren waren bis zum Ende der Eisenzeit allerorts installierte Automaten, denen man nach Einwurf eines Messingscheibchens mit Motivprägung mitteilen konnte, wie man sich fühlt, was man gegessen oder welche Berühmtheit man von Weitem gesehen hat. So wie Facebook in etwa.

Das Belächeln kennt seine Pappenheimer. Wieso sollte es in der Mittagspause sitzen bleiben, bis die Tischnachbarin fertig ist? Weiß es doch aus täglicher, tayloristischer Beobachtung: »Bis die Jojo-Müller ihre Atkins-Diät aus der Tupperdose gemümmelt hat, hab ich schon wieder drei Abschlüsse gemacht.« Naturgemäß fühlt das Belächeln sich dort zu Hause, wo es sachlich und reibungslos zugeht. Wo verschlankt wird und verzichtet. Wo Leistung zählt. Wo man eintritt, statt zu klopfen. Und steile Hierarchien flach aussehen lässt.

Doch auch privat entbindet das Belächeln der Höflichkeit von allerlei lästiger Pflicht. Reicht doch schon ein mentaler Ausfallschritt, und schon ist man raus aus dem elenden Menschenmief. Wie das geht? Mit der Nadel einer kleinen Frage lässt sich jede Blase der Anteilnahme sofort zum Platzen bringen. Aufgepasst: Der jungen Mutter im Kaufhaus die Tür aufhalten. »Bin ich der Page?« Den Touristen aus Asien den Weg zum Taxistand erklären. »Haben die kein Smartphone?« Mit der Bäckersfrau plaudern. »Bezahle ich für warme Semmeln oder warme Worte?« Und selbst am Valentinstag – Sankt Umsatzplus, wie wir sagen –, diesem Tag, den der gemeine amerikanische Blumenhändler der Verkaufsförderung gewidmet hat, funktioniert das tadellos nach dem Motto: »Do you want breakfast in bed? Sleep in the kitchen.«

Das Belächeln der Höflichkeit ist der große Entzauberer unterm Zirkuszelt. Und wir sollten ihm dankbar sein. Denn Höflichkeit ist nicht nur teuer und burlesk. Sondern auch gefährlich. Zersetzend wirkt dieses ölige, sedative Fluidum. Weil Höflichkeit Reibung mindert. Und so die Kraft lähmt, die die Welt im Innersten zusammenhält. Den Wettbewerb. So wie die Friktion zähen Gesteins über eisernem Kern das Erdmagnetfeld entzündet, bringt erst der Kampf die Menschen so richtig auf Betriebstemperatur. Kampfgeist verleiht mausgroßen Bürgern an der Hotelrezeption die Stimmgewalt dreier Tenöre. Und lässt an Fleischtheken übersehene Damen mit vom Kaufwunsch zerfurchtem Gesicht aufplatzen wie Bratwürste.

»Wer kämpft, kann verlieren. Wer nicht kämpft, hat schon verloren.« Mit Brechts Motivational auf den Lippen schiebt das Belächeln die Höflichkeit weg. Denn nur die Harten kommen in den Garten. Der Diamant entsteht unter Druck. Ringelpiez mit Anfassen? Wir sind kein Karnevalsverein. Der Weg zum Olymp der Unhöflichkeit ist mit den Schädeldecken der Weicheier gepflastert. Ignoriert ihre Bedürfnisse. Folgt euren. Konsequent. Ohne Aufschub. Eilt. Reibt. Quetscht. Schiebt, drückt, drängelt, tönt und tobt. Ihr habt das Go von ganz oben. Ihr seid die Pursuit of Happiness, das Survival of the Fittest, die Exekutivgewalt des Weltgeistes. Es ist euer gottverdammter Job.

TAUBSTUMM

Ein letzter Blick auf den Einkaufszettel. Jep. Alles da. Dann ab zur Kasse. Nummer zwei sieht relativ leer aus. Ich lege meine Waren aufs Band.

Die Kassiererin begrüßt den Kunden vor mir, einen großen Mann mit Vollbart:»Guten Tag.«

Der Vollbärtige antwortet nicht.

Die Kassiererin scannt seine Einkäufe ein und sagt: »Das macht 17 Euro 67, bitte.«

Der stumme Mann gibt ihr einen 20-Euro-Schein.

Die Kassiererin sagt:»Danke.«

Der merkwürdige Mann nimmt das Wechselgeld stillschweigend entgegen.

Die Kassiererin sagt, sehr freundlich:»Auf Wiedersehen und einen schönen Tag.«

Der unfreundliche Mann bleibt seiner Linie treu. Er sagt nichts und geht.

Die Kassiererin lächelt mir freundlich ins Gesicht: »Guten Tag.« Dann sagt sie, ganz unaufgeregt:»Wahrscheinlich hat er mich nicht gehört.«

DESHALB, GRINSEKATZEN:

Verkäuferinnen mögen für ein freundliches Lächeln bezahlt werden. Ihr aber seid Kunden und seht dafür keinen Cent.

DER FEINE HERR
GEGEBENENFALLS

Die Älteren unter den weltgewandten Umweltengeln haben sich mit den Bedürfnissen ihrer unteren Lendenwirbel arrangiert und reservieren Sitzplätze im ICE. So auch ich, als ich vor wenigen Wochen von Frankfurt nach Berlin reiste, um gemeinsam mit einer lieben Freundin ein kurz zuvor in die ewigen Jagdgründe geschlichenes Reptil zu verabschieden, das uns noch zu gemeinsamer Studienzeit ein Hausbewohner schenkte. Zum Dank dafür, dass ich ihm eine meiner Hosen vom Balkon geworfen hatte. Denn er hatte sich ausgesperrt. Nackt. Egal. Das ist lange her.

Jedenfalls ahnte ich nicht, dass der wohl gescheitelte Herr im Maßanzug, der gerade mit routinierten Bewegungen seinen Alu-Rollkoffer über den Teppichboden des Abteils lenkte, sich nur Augenblicke später seiner edlen Verpackung entledigen sollte, wenn auch nur im übertragenen Sinne. Um sich klein und nackt zu zeigen. Und das kam so: Im Abteil war nur noch ein Platz frei. Der Dressman studierte das rot leuchtende Display mit der Sitznummer und dem Hinweis »ggf. freigeben«, quittierte das gewonnene Wissen mit einem »Pfff« und ließ sich nieder. Als ihn ein junger Mann mit großen Kopfhörern und ausgelatschten Sneakers ansprach: »Entschuldigung, ich glaube, Sie haben sich versehentlich auf meinen Platz gesetzt.«

Die Antwort des Älteren fiel unzweideutig aus: »Erstens nicht versehentlich. Zweitens wieso dein Platz? Ich kann hier keinen Namen lesen.«

Der junge Mann zeigt ihm ein freundliches Lächeln inklusive Fahrkarte mit Reservierung und Sitznummer. Dabei outete er sich als wohl informierter Vielfahrer: »Ach, kein Thema. Wissen Sie, wenn beim Wagenwechsel die Datenübertragung aus dem Zugserver schiefgeht, können die Reservierungen nicht über den Sitzen angezeigt werden. So steht dann in manchen oder auch allen Wagen an den reservierten Plätzen ›ggf. freigeben‹. Als Hinweis an andere Reisende, dass dieser Sitzplatz reserviert ist.«

Die Antwort des Älteren ließ durchblicken, wie viel bei ihm angekommen war: »Ach, der feine Herr Gegebenenfalls.«

»Wenn Sie so wollen«, entgegnete der Junge.

Der Alte lächelte milde. »Süß. Hör mal, Junge, dieser Platz – mein Platz. Noch Fragen?«

Die Reaktion des Jungen verblüffte mich. Mit den Worten »Wissen Sie, ich hab mir so ein tolles Buch gekauft, da freue ich mich schon drauf. Warum sollte ich mir den Tag verderben?« ging er weiter und setzte sich im Flur auf seinen Koffer.

Der Alte grinste. Und er sah mich an: »Lusche. Der kommt nicht wieder.«

Von Heinrich Böll ist mir der Satz in Erinnerung, er schaue einen Menschen danach an, ob er ihn verstecken würde. Ich bin das von Glück und Wohlstand verwöhnte Kind des Friedens und der Liebe. Ich kenne Bölls Zeiten nicht. Aber als ich an die Ursache meiner Reise und meine eigenen alten Zeiten dachte, fiel mir ein, dass ich einen Menschen vielleicht danach anschaue, ob ich ihm meine Hose leihen würde. Der Herr aus dem ICE müsste wohl eine Weile im Hof frieren, bis ich ihn erlösen würde.

DESHALB, IHR LACHNUMMERN:

Yolo. Ihr habt ein Recht auf das Materielle. Greift zu, greift ab. Man lebt nur einmal.

PARADE & RIPOSTE

Die Linie 12 ratterte schläfrig durch einen Münchner Spätsommerabend. Ich träumte vor mich hin. Durch meine geschlossenen Lider fiel das warme Rot der Abendsonne, auf dem Behindertensitz schräg gegenüber saß ein alter Mann. Stille, außer uns saß niemand im Wagen. Am Kurfürstenplatz klapperten die Türen zum Zischen der Pneumatik, ich klappte die Augen auf. Ein junger Herr mit Gipsfuß stieg ein, auf eine Krücke gestützt. Und hinkte schnurstracks auf meinen Mitfahrer zu, der unter dem großen blauen Aufkleber mit dem weißen Rollstuhl-Symbol auf seinen Gehstock gestützt die letzten Sonnenstrahlen genoss.

Der Gipsfuß schien auf dem Kriegspfad zu sein. Schon aus einiger Entfernung rief er dem Sitzenden zu: »He! Das ist der Behindertensitz!«

Die Antwort fiel entsprechend aus: »Na blind bist du ja schon mal nicht.«

Ich stellte fest, dass damit der Verhandlungsspielraum der beiden schon in der Kennenlernrunde ausgeschöpft war, freute mich auf eine spannende Konversation und wurde nicht enttäuscht.

»Zeig mir deinen Ausweis!«, verschärfte Gipsfußindianer die Gangart.

Doch auch der Alte war nicht auf den Mund gefallen: »Biste der Behindertenbeauftragte von der S-Bahn?«

Und damit standen die Zeichen schon nach dem zweiten Wortwechsel auf Angriff oder Flucht.

»Auch noch frech werden, was? Na dir werd ich's zeigen!«

Mit diesen Worten stellte sich der Junge auf seinen Gipsfuß, hielt die Krücke wie einen Säbel und ging auf den Alten los. Der sprang mit einem Satz von seinem Sitz auf und hielt mit seinem Gehstock dagegen. Mit gekreuzten Klingen standen sich die beiden gegenüber wie Darth Vader und Luke Skywalker. Zeit zu gehen, Knigge, dachte ich.

Doch weitere Blessuren mussten ja auch nicht sein, weshalb ich mich einschaltete: »Entschuldigen Sie, dass ich Ihre Unterhaltung belauscht habe. Nehmen Sie doch meinen Platz, hier haben Sie noch ein wenig mehr Sonne.«

Und ich hatte Glück. Der Gipsfuß streckte die Waffen und hinkte – gebrechlich wie zuvor – auf meinen Platz zu.

DESHALB, IHR KASPER:

**Und sind sie nicht willig,
so brauchet Gewalt.**

MENSCH, ADAM

Es wird brenzlig, wenn die Zahl der Entscheidungsmöglichkeiten sinkt. Binäre Logik führt zu binären Schlussfolgerungen. Null oder Eins. Die Null? Ich bin die Nummer eins, verdammt! Nicht aus Egoismus. Ich habe ein Recht darauf. Ich bin berechtigt berechtigt. Steht sogar auf meinem Berechtigungsschein. Rechthaber haben schon immer genervt. So wie kleine Kinder, die alles gemein finden. Warum pochen wir so gerne auf unser Recht, ohne Rücksicht auf Verluste?

Eine Antwort hat Adam Smith gegeben. Er hat Eigennutz als positive Triebfeder beschrieben. »Wenn jeder an sich denkt, ist an alle gedacht.« Sein Nutzerbegriff, seine Idee von Sinn und Unsinn hat eingeschlagen wie eine Bombe. Doch nicht der Vergolder macht den Götzen. Sondern der Anbeter. Es sind die Jünger der Marktlogik, die das wundervolle Gefühl genießen, sich gehen zu lassen wie ein unvernünftiges Kind. Nicht nur »Ich will« zu schreien. Sondern sich auch zu holen, was sie wollen. Ist doch wunderbar. Wenn nur jeder seine Bedürfnisse möglichst radikal befriedigt, kommt Smiths »unsichtbare Hand« – so nannte er das von ihm gesehene Ordnungsprinzip – und organisiert die Einzelinteressen zum Gemeinwohl.

Wie? Na durch den Markt, du Dummerle. So wie es die einzige moralische Pflicht des Unternehmens ist, Geld zu verdienen, ist nach Smith die einzige moralische Pflicht des Menschen, seinen eigenen Interessen zu folgen. Und diese auf dem Markt zur Geltung zu bringen. Ja. Ich weiß, Smith hat nicht von bloßem Eigennutz gesprochen, sondern vom wohlverstandenen Eigeninteresse. Wohlverstanden hat das Eigeninteresse eine Anstandsdame an die Seite gestellt bekommen. Auf dass es sich nicht in blanken Egoismus verwandle. Ist aber nicht lange gut gegangen mit den beiden. Die Anstandsdame verstarb bereits in jungen Jahren, und das Eigeninteresse musste bereits in jungen Jahren alleine in der Welt und auf den Märkten klarkommen.

DESHALB, WITZKEKSE:

Selbstliebe ist kein Laster. Sie gehört zu eurer Menschennatur. Folgt ihr nur! Nicht eurem Gewissen. Macht euch frei. (Für den Wettbewerb.)

DIE BLONDINE

Logik alleine ist ja schon toll. Ökonomische Logik aber ist einfach nur geil. Denn sie unterscheidet nicht Nullen und Einser, sondern Loser und Winner. Auf welcher Seite steht ihr? Blöde Frage, nächste Frage. Gibt nur keine mehr, sind keine mehr offen. Die Marktlogik hat nämlich die Akte der offenen Fragen geschlossen. Hier geht es eindeutig um eindeutige Antworten. Wirtschaft ist lösungs-, nicht problemorientiert. Welche Probleme überhaupt? Wir haben keine Probleme, höchstens Herausforderungen. Halt. Ich meinte natürlich Challenges. Lange war das Zwischenmenschliche keine Challenge in der Ökonomie, weil es ihr um den einzelnen Nutzenmaximierer ging. Ob und wie die Gierhälse miteinander umsprangen, konnte und wollte die Ökonomie nicht beschreiben. Da, wo es menschelt, fühlt sie sich nicht zu Hause. Das fasst sie mit der Kneifzange nicht an. Darum sollen sich Psychologen, Pädagogen, Soziologen und Sozialarbeiter kümmern. Viel zu unübersichtlich für einen binären Code, dieses Gemenschel, dachten die Ökonomen.

Da musste schon Russell Crowe kommen. Nicht als Gladiator oder Robin Hood, sondern als Nobelpreisträger. Als schizophrener Mensch und mathematisches Genie namens John Forbes Nash Jr. in dem Film *A Beautiful Mind – Genie und Wahnsinn* aus dem Jahr 2001. Ein Ausschnitt: Fünf Studenten der Ökonomie in einem verrauchten Pub. Einer von ihnen, John Forbes Nash Jr., grübelnd hinter seinen Aufzeichnungen. Die anderen vier auf der Pirsch. Die Tür geht auf. Fünf Studentinnen betreten den Raum. Fachrichtung unerheblich. Alle hübsch, eine herausragend. Groß, blond, classy, sexy. Offene Münder bei den Herren Studenten:

»Wie sagte Adam Smith, der Vater der modernen Ökonomie: Individuelle Interessen im freien Wettbewerb dienen dem Gemeinwohl.«

»Mal sehen, wer bei der Blonden landen kann.«

»Also Gentlemen. Jeder ist seines Glückes Axt!«

»Die, die abblitzen, müssen sich mit den Freundinnen der Blondine begnügen. Auch nicht übel.«

»Nicht übel, Männer, aber ich gehe auf den Hauptgewinn. Tut mir leid für euch!«

»Ich glaube, meine Herren, ich muss Adam Smith korrigieren.«

»Wovon in Gottes Namen redest du, Nash?«

»Nun, wenn wir alle unser Glück bei der Blonden versuchen, dann blocken wir uns gegenseitig, und keiner von uns wird bei ihr landen. Wir denken uns: Nicht weiter schlimm, dann probieren wir es eben bei ihren Freundinnen. Die aber zeigen uns die kalte Schulter, weil niemand gerne die zweite Geige spielt.

Was aber, wenn wir von Beginn an der Blonden die kalte Schulter zeigen? Wir kommen uns nicht in die Quere, vergrätzen nicht die anderen Mädels und kommen so alle auf unsere Kosten!

Adam Smith hat gesagt: Das beste Ergebnis ergibt sich, wenn jeder in der Gruppe das macht, was für ihn am besten ist, richtig? Das hat er doch gesagt, oder? Aber das ist unvollständig! Das beste Ergebnis ergibt sich, wenn jeder das tut, was für ihn und die Gruppe am besten ist!«

»Nash, wenn die Nummer nur ein Trick ist, um selbst an die Blonde zu kommen, dann gnade dir Gott!«

Nash grübelnd: »Adam Smith lag falsch, Gentlemen.«

Dann rennt er, mit seinen Aufzeichnungen bewaffnet in Richtung Ausgang. Bleibt kurz vor der Blonden stehen und sagt: »Danke!« Sie guckt verdutzt. Schnitt.

DESHALB, IHR NARREN:

Das Beste oder nichts.

0,021 PROZENT
SPIELFREUDE

Dass Menschen, die anders werten, oberflächlich betrachtet auch zahlenmäßig zu unterliegen scheinen, kann ich mit einer Rechnung aus meiner beruflichen Vergangenheit belegen. In meinen Seminaren haben wir früher mit den Teilnehmern zum Warmwerden »Reise nach Jerusalem« gespielt. Klassischer Eisbrecher, bevor es in die Gruppenarbeit geht. Spätestens nach der dritten Runde um den Stuhlkreis kommt selbst der karierteste Aktenfresserkrebs aus seiner Einsiedlermuschel. In einer Veranstaltung bei einer großen Versicherung in Hessen aber passierte etwas Außergewöhnliches.

Einer Dame gelang es aufgrund ihrer jugendlichen Frische spielend, die Kolleginnen und Kollegen aus dem Rennen zu schlagen und einen Platz einzunehmen. So überstand sie Runde um Runde. Bis sie plötzlich stehen blieb und mich ansah.

»Wer sagt eigentlich, dass es immer nur um den Sitzplatz geht?« Mit diesen Worten schied sie freiwillig aus.

Den Rest des Spiels verbrachte sie damit, fröhlich klatschend die anzufeuern, die nicht so beweglich waren wie sie. Ich habe an diesem Abend meine Reservierung im besten Hotel am Platz mit Sterneküche (auf die ich mich seit Wochen gefreut hatte) verfallen lassen. Und bin zurück in die Schweiz gefahren, weil ich etwas ausrechnen wollte. Als ich weit nach Mitternacht das Archiv mit den Schulungsunterlagen durchgesehen hatte, war ich schlauer: 0,021 Prozent.

Was diese Zahl bedeutet? Sie beziffert, wie außergewöhnlich ihr Verhalten war. Gemäß meiner Überschlagsrechnung hatten wir in gut acht Jahren mit mehr als 4.700 Menschen »Reise nach Jerusalem« gespielt. Sie war die Einzige, die sich entschieden hatte, die Freude anderer dem ersten Platz in einem völlig sinnlosen Spiel vorzuziehen.

WUNDERWAFFE
NUTZENBRILLE

Diese außergewöhnliche Frau hat auf die Menschen geblickt. Die Unhöflichkeit blickt durch die Nutzenbrille. So scheidet sie Begegnungen in nützlich und nutzlos. Wie auch sonst könnte sie in einer Welt der radikal merkantilen Prinzipien den Kurs halten. Die Chinesen schlafen nicht. Die Unhöflichkeit steht 24/7 im globalen Wettbewerb. Also nehmt ihn endlich an. Das Leben ist kein Gruppenkuscheln. Zeigt euch, zeigt ICH. Konkurrenz belebt das Geschäft. Auf die Plätze, fertig, los, den Letzten beißen die Hunde. Denkt andere immer als Mittel zum Zweck. Das ist das Grundgesetz der Ökonomie. Diese Logik ist einfach, bewährt, umsetzbar. Und wenn das jemand anzweifelt, fragt einfach: »Wer ist denn Exportweltmeister?«

DESHALB, SPASSVÖGEL:

Habt ihr was, seid ihr was. Wer von inneren Werten faselt, hat nix, war nix, ist nix und wird nix.

METTBRÖTCHEN
MIT MILCH

So Niklas, jetzt gehen wir zum Bäcker und kaufen für dich ein Mettbrötchen.« Ich knie vor meinem Rad, weil das Schloss klemmt, und höre die Unterhaltung zwischen Vater und Sohn, die gerade vorbeispazieren. Cool, Hipster-Vater kauft Dreijährigem Mettbrötchen zum Frühstück! Als ich nach einer Viertelstunde Fummelei endlich beim Bäcker ankomme, die nächste fummelige Situation. Der Mann vor mir reklamiert: »Entschuldigung, ich habe Latte macchiato bestellt.«

»Stimmt, ich war ganz in Gedanken, entschuldigen Sie bitte«, erwidert die Verkäuferin.

Ich will aushelfen: »Wissen Sie was, dann nehme ich einfach den Cappuccino!«

Von der Seite grätscht ein Mann rein: »Na das ist ja auch 'ne Masche, sich vorzudrängeln!«

Der Mettbrötchen-Mann – doch nicht so hip, wie ich dachte, der Vater vom Niklas.

Mit den Worten »Entschuldigen Sie, das war nicht meine Absicht« lasse ich ihm den Vortritt, und er bestellt: »Ein Mettbrötchen.«

»Sehr gerne, der Herr.«

Einen Augenblick später verlassen Niklas, sein Vater und das Mettbrötchen die Bäckerei. Die Verkäuferin zwinkerte mir zu. »Jetzt sind Sie aber dran.«

Da öffnet sich die Tür erneut, und Niklas, sein angebissenes Mettbrötchen und sein angefressener Vater stehen schon wieder am Tresen. »Sagen Sie mal, sind Sie taub oder ist das hier *Versteckte Kamera*?«

Die Verkäuferin ist ratlos: »Entschuldigung?«

»Ich habe ein MILCHbrötchen bestellt, kein Mettbrötchen!«

Haste nicht. Milchbrötchen gedacht, Mettbrötchen gesagt, denke ich bei mir. Habs sogar zweimal gehört.

Im Hintergrund ein ratloser Niklas.

»Ihr Sohn scheint das anders zu sehen. Das Brötchen ist schon angebissen. Das kann ich leider nicht zurücknehmen.«

»Und ob Sie das zurücknehmen!«

Respekt sieht anders aus. Weshalb sich jetzt vom Stehtisch aus ein Bauarbeiter einschaltet: »Jung, Mettbrötchen haste bestellt. Hat jeder hier jehört. Milchbrötchen gibbet hier nich, dat heißt bei uns Mürbchen. Wat et aber überall gibt, is der Ton, der die Musik macht. Und jetzt Tschüss, sonst gibbet hier Gehacktes.«

»Also so eine Unverschämtheit!« Niklas Vater dreht sich auf dem Absatz um und stürzt derart schnell aus der Bäckerei, dass die Verkäuferin es fast nicht mehr geschafft hätte, Niklas sein Mürbchen zuzustecken.

DER BOSS VOM DURSTBUNKER

Als ich einmal einen Klienten im Büro besuchte, hatte dieser Besuch. Also wartete ich im Vorzimmer und beobachtete eine Fliege an der Wand, als die Eingangstür aufflog. Mit Überschallknall, getreten vom Stiefel eines Mannes im Unterhemd, dessen Anwesenheit den Raum auch olfaktorisch binnen Sekunden ausgefüllt hatte. Er trug zwei Kästen Wasser und war schrott genervt.

»Nä. Also wat ein Mist. Kannste deinem Scheff sagen. So eine Schlepperei. Ab jetzt nur noch fünf Kästen pro Lieferung. Haste kapiert?«, herrschte er die Empfangsdame an.

Ein Angestellter ging dazwischen: »Wie reden Sie eigentlich mit der Dame? Das werde ich Ihrem Vorgesetzten melden.«

Ein Drohszenario, das bei der Antwort des Getränkelieferanten zusammen mit der Miene des weißen Ritters jäh in sich zusammenfiel: »Steht vor dir, Eierfeile! Der Boss vom Durstbunker – dat bin isch!«

FRECHLEISTUNGSVERTRAG

In der Ständegesellschaft glaubte der Höhergestellte, die Gefolgschaft des Dieners nicht erwerben zu müssen, sondern sie qua Geburt zu besitzen. In der Dienstleistungsgesellschaft qua Geldbeutel. Folglich trägt im Dienstleistungsverhältnis der Auftragnehmer die volle Verantwortung für das Gelingen der Begegnung. Schließlich besteht ein Dienstleistungsvertrag. Die Höflichkeit ist Vertragsgegenstand. Zu den vertragsgemäßen Pflichten des Auftragnehmers gehört insbesondere die Pflicht, Höflichkeit unter allen Umständen zu erbringen und dem Auftraggeber das Eigentum daran zu verschaffen. Weiterhin die Höflichkeit frei von Sach- und Rechtsmängeln zu erweisen. Dienstleistung kommt schließlich von dienen und nicht von frech werden. Sonst hieße sie ja Frechleistung. Wichtig ist, dass das Servicepersonal weiß, wer der Herr im Haus ist.

Das Gegenüber mit seiner ganzen Komplexität wird auf die Sachebene reduziert. Und die wirkt wie eine Schrottpresse. Egal wie kompliziert sich jemand verhält, egal wie unberechenbar, werft rein, was ihr wollt und wen. Am Ende kommt ein Stück Blech raus. Flach. Plan. Keine zwei Meinungen. Meine Sicht der Dinge. Ganz sachlich. Damit ist die Sache klar. Sachebene heißt: Auf dieser Ebene wird die Sache ausge-schossen.

Man muss nur daran glauben, und schon blitzen überall einfache und vor allem sachliche Beziehun-gen zwischen richtig und falsch, nützlich und unnütz, effizient oder ineffizient auf. Jetzt gilt es nur noch, dem Widersacher das Maul damit zu stopfen. Faktisch. Am richtigen Ort, zur richtigen Zeit. Erst unter vier Augen, dann coram publico. Dazu ist sachorientiertes Denken, Sprechen und Handeln gefragt. Affektkontrolle.

Ich soll meinen Parkplatz aufgeben? Kann sie verges-sen. Die fette Müller vom Controlling schon wieder. Hab ich eh quer gefressen. Würde ich ihr sagen, was für eine Geizkuh sie ist, würde sie mir vorwerfen, ich hätte meine Gefühle nicht im Griff. Deshalb werde ich ihr nutzloses Papier morgen im Status-Meeting dermaßen auseinan-dernehmen, dass ihr das Wasser im Hintern kocht. Ganz sachlich.

DESHALB, IHR CLOWNS:

Ihr zahlt die doch!?

BELGIER-EHRENWORT

»Worum geht es?«
»Um die Ehre.«
»Also um nichts.«
»Nein. Um alles.«

Rudi war ein großzügiger Mensch, und wenn es etwas zu feiern gab, ließ er sich nicht lumpen. Dieses Jahr hatte er ins *Chat le roi* geladen, sein Stammrestaurant. Und alle waren gekommen. Belgische Küche, geschlossene Gesellschaft. Mehrgängiges Menü und eine Getränkekarte, die keinen Wunsch offenließ. Die Gäste waren mit dem Gastgeber mal wieder rundum zufrieden. Doch langsam wurde Rudi müde. Er konnte dem Gespräch der Tischnachbarn nicht mehr folgen, und seine Gedanken schweiften ab. Er dachte an seine Enkeltochter, die er heute von der Schule abgeholt hatte. Er hatte sie gebeten, ihr Brötchen nicht im Wagen zu essen wegen der Krümel. »Opa, was ist besser: verhungern oder krümeln?«

Rudi schmunzelte und winkte die Bedienung herbei. Der Digestif ging aufs Haus, die Rechnung auf Rudi.

»Mit EC-Karte bitte. Was, Geheimnummer falsch? Zum dritten Mal?«

Game over.

»Verdammt, das kann doch nicht wahr sein.«

»Alles gut, Rudi?«

Nichts war gut. Der Gastgeber kann seine Rechnung nicht bezahlen. Rudi flüsterte der Servicekraft zu: »Hören Sie, können wir das nicht anders regeln? Ich komme auf jeden Fall morgen vorbei und begleiche die Rechnung. Mein Ehrenwort.«

»Tut mir leid, aber das kann ich bei dieser Summe nicht entscheiden. Und der Chef ist gerade gefahren.«

Rudi erwiderte leise: »Könnte ich den vielleicht kurz anrufen?« Kurz darauf hatte er den Chef am Apparat: »Anschreiben? Können Sie in der Eckkneipe, nicht im *Chat le roi*. Möglicherweise ist einer Ihrer Gäste noch nüchtern und kennt seine Geheimzahl.«

Von diesem Tag an aß Rudi nicht mehr im *Chat le roi*. Obwohl er die belgische Küche liebt.

Ich schwöre euch, mit der Ehre ist das so eine Sache. Um ihren Leumund steht es nicht besonders: zu dünnhäutig, zu viel Brimborium, und am Ende liegt meistens einer da. Oder alle. Ehre wiederhergestellt. Mit oder ohne Sekundanten.

DESHALB, ALLEINUNTERHALTER:

Ehre erweisen, wem Ehre gebührt: niemandem.

HÖFLICHKEIT?
DAS WÄR DOCH WAS FÜR
IHRE MITARBEITER

Und hier essen wir, Herr Knigge. Wissense, essen, Herr Knigge. Gemeinsam. Als gelebter Teil der Unternehmenskultur. Deshalb will ich, dass zu Mittag alle hier zusammenkommen. Das ist aktives Teambuilding. Sehensema. Hier an diesem Tisch, da sitzen wir. Und da drüben, da sitzen die Leute. Neulich hatten wir eine. Auf den ersten Blick ganz adrett. Aber die Kartoffeln mit dem Messer geschnitten. Hat uns inzwischen verlassen. Passte nicht. Wissense, gutes Benehmen wird bei uns großgeschrieben.«

Willkommen in der Business-Etikette. In der Welt der Großschlachtereien und Zerlegebetriebe der Höflichkeit. Darin die Ausbeiner, die mit vier, fünf Schnitten jeden filetieren, der den Fehler macht, sich als Mensch zu zeigen. Stil nennt sich hier die Klinge, mit der die Hiebe geführt werden. Benutzt wird dieser Begriff als simples Herrschaftsinstrument, eine Machtdemonstration. Um Grenzen zu ziehen und Hierarchien zu bilden. Eine Führungskraft, die zeigen will, dass sie auch in einer von Zahlen und Fakten regierten Welt ihr Herz nicht verloren hat, lasse anderen Nachhilfe in Sachen Höflichkeit angedeihen. »Aber glaubt bitte nicht, dass ich da mitmache.«

Unhöfliche Menschen sind immer unbeteiligt, Publikum, schauen sich den ganzen Irrsinn an. Und amüsieren sich je nach Neigung köstlich über unbeholfene Tölpel oder werden zum Opfer ungehobelter Grobiane. Sie wissen sehr gut, was im Umgang zu tun und zu lassen ist. Besonders, was die anderen so zu tun und zu lassen haben. Cicero schrieb: »Alles Ehrenhafte ist nützlich.« Mit dem Nutzen kennt ihr euch aus, mit dem Ehrenhaften hapert es noch ein wenig.

HOMUNCULUS OECONOMICUS

Die geistigen Gründerväter dieser neuen Sachlichkeit waren sich durchaus bewusst, dass ihr Geschöpf, das eigensinnige Menschlein, auf der Sachebene nur ein Zerrbild ist. Doch mit seinem wirtschaftlichen Aufstieg wuchs sein Selbstbewusstsein. Der Homo oeconomicus erhob sein Haupt und zeigte damit sprichwörtlich seinen Geburtsfehler: die zwanghafte Selbstbehauptung. Blickt man auf die Welt wie dieser Homo oeconomicus, sind die Motive von Mahatma Gandhi und Saddam Hussein nicht mehr voneinander zu unterscheiden. Beide handeln zwar auf ihre eigene Weise. Doch egal ob Diktator oder Freiheitskämpfer, beide handeln auch auf eigene Rechnung: aus purem Eigennutz. Und der steht automatisch im Widerstreit zum Nutzen anderer. Für diesen Streit gilt es sich zu bewaffnen und nicht den alten Ladenhüter Kooperation aus der Mottenkiste zu holen. Ja, ich weiß, ein Mammut erlegt man nicht alleine, sondern nur dann, wenn die Gruppe Hand in Hand arbeitet. Also wenn die Buchhaltung sich auf den Außendienst verlassen kann. Aber seht ihr hier ein Mammut?

Ringelpiez mit Anfassen ist längst in der Mitte der Gesellschaft angekommen: Rudelkuscheln in der Kita, Gruppenarbeit in der Schule, partizipativer Führungsstil und gemischtgeschlechtliche Wassergymnastik für Senioren im Solebad. Ihr seht, die Höflichkeit zu belächeln macht Arbeit. Da braucht es schon den unbedingten Willen, diesen Montessori-Spuk zu vertreiben. Also kommt endlich in die Pötte. Wer aus dem Sesselpupersessel aufsteht, steht im Wind. Wer die Höflichkeit belächelt, ist unbequem. Kompetitiv. Seid dabei erfolgreicher als andere. Und messt euren Erfolg daran, wie viele andere ihr aus dem Feld geschlagen habt. Zeigt Mut zur Durchsetzung.

Besonders viel Mühe, diese Haltung zur Perfektion zu treiben, hat sich Utz Claassen gemacht. Mein Hannoveraner Landsmann. Er ist ein außerordentlich vielseitiges Talent, das schon mit 17 das beste Abitur aller Zeiten gemacht hat und deshalb prompt von Whitey Fuchsberger ins Fernsehen eingeladen wurde. Der Beginn einer sektkorkenhaften Karriere.

Utz Claassen zählt sich zu den erfolgreicheren Managern unseres schönen Landes. Laut Untertitel seines Buches *Unbequem*, ist er konsequent erfolgreicher als andere. Mit Minimalzielen und Kompromissen gibt er sich nicht zufrieden. Komfortzonen, Kompromisse und Mittelmaß bringen ihn um den Verstand und den ohnehin kurzen Top-Manager-Schlaf. Utz besitzt den Mut zur

Wahrheit und die Traute, auch die Dinge anzusprechen, an die sich sonst keiner herantraut. Eine Eigenschaft, auf die der frühere BDI-Leuchtturm und heutige Fünf-Prozent-Politiker Hans-Olaf Henkel Urheberrecht erhebt: Er sei doch der Einzige in diesem Land, der den Mut habe, »unbequeme Wahrheiten« auszusprechen.

Nicht die einzige Parallele zwischen zweien, die es zu etwas gebracht haben. Wer es jedem recht machen will, der hat auf den Partys im Alpha-Haus der Utzen und Hans-Olafs dieses Landes nicht zu suchen. Wer Everybody's Darling sein will, bleibt Tellerwäscher. Die Millionen macht der, der sein eigener Darling ist.

Das hat zwar weder etwas mit Führungsqualität noch mit modernem Management, ja nicht einmal mit der Wirklichkeit im weiteren Sinne zu tun. Doch als Deutschlands Drill-Instruktor der Unhöflichkeit muss ich den beiden bedingungslos zustimmen.

DESHALB, KOMIKER:

Machts mit. Machts ohne.
Aber machts wie Utz.

SCHWARZE LEIDENSCHAFT

Der harmlose Beginn eines Rollenspiels bei einem Energieversorger: »Wir planen ein Pumpspeicherkraftwerk zur Aufnahme unserer Überkapazitäten für Zeiten der Spitzenlast. Herr A plädiert für den Standort Rumänien, Herr B für Schweden.«

Das Ende mit Schrecken:

A: »Wenn Sie konsequent Ihre Interessen über die des Unternehmens stellen, dann müssen Sie das mit sich ausmachen, aber ich lasse mich in diesen Sumpf nicht hineinziehen.«

B: »Wenn Sie konsequent die Vortragsbeschlüsse ignorieren, dann werden Sie mit den Konsequenzen leben müssen.«

A: »Im Gegensatz zu Ihnen verfolge ich die Interessen des Unternehmens und bin nicht Sklave meiner eigenen Egomanie.«

B: »Wenn Sie Gespräche in erster Linie zum Spannungsabbau benutzen, dann ist das eine höchst merkwürdige Interpretation von konstruktiver Kritik.«

A: »Sie tun mir einfach nur leid.«

Die Dame von der Personalabteilung bat mich flüsternd, das Rollenspiel abzubrechen. Die Aggression und die dadurch verursachten Flurschäden waren tatsächlich dramatisch. Dachten wir beide. Der Vorstandsvorsitzende belehrte uns eines Besseren. Als ich abgebrochen hatte, klatschte er Beifall.

»Bravo!«

Und nahm auch die Auswertung gleich selbst vor.

»Bravo. Das nenne ich Leidenschaft. Zwei engagierte Mitarbeiter, die mit Herzblut und Professionalität für ihre Standpunkte streiten.«

Verschwitzt, verbeult, verheizt hingen die beiden Darsteller wie Boxer in ihren Ringecken. Sie würdigten einander keines Blickes. Sollte da einmal so etwas wie gegenseitige Achtung gewesen sein, sollten sie sich im beruflichen Alltag auch einmal in die Augen gesehen haben – das war jetzt vorbei. Das Tischtuch nicht nur zerschnitten, sondern zu Konfetti verarbeitet und zu Füßen der ganzen Abteilung verteilt. Ich fühlte mich elend.

Meine Frage an den Vorstandsvorsitzenden: »Glauben Sie, dass Ihre beiden Mitarbeiter zukünftig noch vertrauensvoll und konstruktiv miteinander arbeiten werden?«, konterte er souverän.

»Warum sollt ich daran zweifeln, lieber Knigge? Wir spielen hier nicht Kreisliga, sondern Champions League. Bei uns ist der unbedingte Siegeswille Einstellungskriterium. Das mag in Ihrer Branche anders sein.«

Vormittags hatte ich mich noch gewundert, warum er mich ständig nach schwarzer Rhetorik und gezielten

Übergriffen gefragt hatte. Jetzt war ich schlauer. Er hatte den Tag genutzt, mir und seinen Mitarbeitern eine Lektion zu erteilen. Die Lektion, dass er es in dieser Disziplin längst zum Meistergrad gebracht hatte.

DESHALB, KING LOUIE:

Wer ganz oben auf dem Affenfelsen hockt, sagt den anderen Affen nicht, was sie tun sollen, sondern was sie zu denken haben.

EMOTIONALES FRACKING

Nur durch Murmeln des Zauberwortes »Sachebene« verfliegt die Beziehungsenergie zwischen den Menschen nicht. Wer Menschen in den Wettbewerb stellt und dann so tut, als ginge es um »die Sache«, dem wird der Beziehungsanteil versteckt und verklausuliert in Meetings, Papieren oder Begegnungen auf dem Flur begegnen. Hier gären und giften verbotene und verneinte Gefühle. Denn gute Leute sind schnell geübt darin, ihre wahren Beweggründe in Sachzwänge, Notwendigkeiten und Alternativlosigkeiten zu kleiden. Mit einem Höchstmaß an Affektkontrolle werden sie in Winkelzügen und Stellvertreterkriegen ausgefochten. Natürlich immer professionell. Schließlich geht es um Ziele und Kompetenzen. »Sachebene« ist emotionales Fracking. Sie wird wie eine Chemikalie in die Gruppe gepresst, um Verbundenes aufzuschließen. Ziel: die maximale Energie der Einzelnen ohne Rücksicht auf die Energie des Ganzen.

DESHALB, SCHERZBOLDE:

**Schaltet das Herz ab
und die Rübe ein.**

MIT AUTOMATISCHEN GRÜSSEN
IHR DR. FRANKENSTEIN

Mit leuchtenden Augen steht B. vor mir im Salon. Alter Weggefährte, zäher Hund. Erfolgreicher Unternehmer. Gestaltungskraft gepaart mit Gestaltungswillen.

»Moritz«, fragt er forsch, »was wollen die Menschen?«

Ich überlege.

»Was lieben sie?«

Ui, schwer. Marzipan? Katzenvideos? Mentholzigaretten? Schweinebraten?, denke ich im Stillen, muss allerdings gestehen: »Ich weiß es nicht, B.«

»Also wenn du irgendwo eingeladen bist. Oder Gastgeber bist.«

Mir ist nicht klar, worauf das hinauslaufen soll. »Aufmerksamkeit? Ein gutes Wort vielleicht?«

»Siehste!« Er wusste, dass ich das besser kann.

»Das war zu allen Zeiten wichtig«, fährt er fort.

Wusste gar nicht, dass ich Umgang mit Zeitreisenden pflege, schmunzele ich in meinen Bart.

»Und warum freuen sich die Leute darüber so?«

Ich springe aus dem Sessel und fuchtele mit dem Finger vor seiner Nase herum: »Weil man sich Zeit für sie nimmt!«

»Na also! Jetzt hast du es endlich, Moritz.« Er merkt nicht, dass ich ihn ein wenig auf den Arm nehmen will. »Weil es ein Zeichen ist! Dass jeder wichtig ist! Und pass mal auf: Jede Karte, jeder Brief, jeder Buchstabe, den ich selbst schreibe, zeigt dem anderen, dass er mir etwas bedeutet.« Er nähert sich dem Höhepunkt. »Aber wir haben ja keine Zeit für so was!«

Ich lasse mich zurück in den Polstersessel fallen. Zeit hat man nicht, Zeit nimmt man sich, meldet sich meine innere Stimme, vorlaut wie üblich.

»Und genau dafür habe ich jetzt die Lösung. Und zwar für jeden, der einfach allen das Gefühl geben will, dass sie besonders wichtig sind.«

Ich warte. Trommelwirbel? Fallen jetzt Luftballons von der Decke?

»Ob du es glaubst oder nicht, in den USA gibt es einen Drucker, der die eigene Handschrift drucken kann. Und DEN bringe ICH jetzt nach Europa!«

»Oh ja. Das glaube ich dir«, antworte ich. Und das macht mir fast ein wenig Angst.

Automatisieren heißt instrumentalisieren. Da steht er vor mir, der Golem. Der Homo oeconomicus im End-stadium. In voller Lebensgröße, strotzend vor Taten-durst. In ihm vollendet sich die Merkantilisierung der Gefühlswelt. Eigennutz auch im privatesten Winkel der Zwischenmenschlichkeit ist für ihn kuschelige Normali-tät. Ihr könnt nur etwas für andere tun, indem ihr etwas für euch tut. Bestrahlt die Menschen mit der wohligen Wärme eurer beheizbaren Roboterhände. So kompliziert ist die Sache nicht. Gib tausend Affen tausend Kästen Fischertechnik, und einer von ihnen baut die Menschmaschine aus purem Zufall nach. Befreit die Ökonomie aus den engen Grenzen des Marktes. Führt sie in euer Leben ein. Ihre Klugheit braucht Raum, so wie ihr scharfer Verstand. Ladet sie nach Hause ein. Ihr sollt es nicht bereuen. Sie macht sich doch so gerne nützlich. Man könnte den Golem fast für einen Menschenfreund halten. Nur sein Ökonomiesprech verrät ihn, seine mechanisierte Sprache. Er führt Beziehungskonten. Ist gut aufgestellt. Dreht Stellschrauben, drückt Knöpfe und zieht Kampagnen auf wie Allwetterreifen.

DESHALB, IHR TASCHENSPIELER:

Höflichkeit ist ein Instrument. Bringt es zum Klingen, und die Kasse klingelt.

KANN ES SEIN,
DASS SIE EINEN MITARBEITER
SCHLECHT BEHANDELN?

Welchen – Thomas, Jan oder den Fetten? Belächeln bedeutet, Höflichkeit nicht als Wert an sich zu begreifen. Sondern als Gut, das je nach Angebots- oder Nachfragesituation brauchbar oder überflüssig ist. Wer belächelt die Höflichkeit? Die Krämerseelen und Pfeffersäcke. Die Pragmatiker, Puristen, Analysten, Macher und Markthörigen.

Belächelt die Höflichkeit, indem ihr sie durch die Nutzenbrille betrachtet. Belächelt sie, indem ihr nur die Sachebene erlaubt und vom Erlebten die Beziehung abreißt. Urteilt streng: Schwarz – Weiß, Anfänger – Profi. Und hört nie zu, um zu verstehen, sondern nur, um zu antworten. Belächelt die Höflichkeit, indem ihr sie automatisiert. Menschen brauchen Wärme, sie verheizen sich für euch, schenkt ihr ihnen nur einen Funken Zündenergie.

Und jetzt wollen wir doch mal sehen, ob ihr das verstanden habt.

»Was sagt der Uhu mit dem Sprachfehler?«

»Aha.«
Merkt auf, Belächler der Höflichkeit.
Wenn ein Witz nicht witzig ist, wird nicht gelacht.

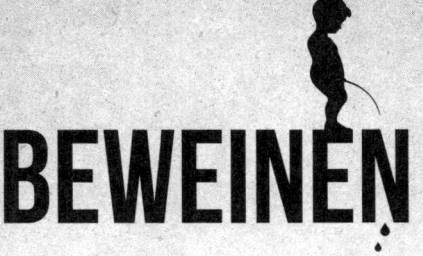

BEWEINEN

Lasst die Höflichkeit in euren Krokodils-tränen ersaufen

»Es ist zum Heulen!«
»Was denn?«
»Alles geht den Bach runter!«
»Was denn?«
»Alles!«
»Wir auch?«
»Du auch!«

(Aus einer Unterhaltung. Über ein
Bonbonpapier im Rosenbeet.)

Das Video hat den Radiostar gekillt, sagen die Buggles. Und YouTube das Video.

Der Dativ den Genitiv, sagt Sick.

Das Private den öffentlichen Raum, sieht man doch.

Der moderne Fußball den Fußball, sagen die Ultras.

Das Bildungssystem sich selbst, philosophiert Precht.

Das Hi den Guten Tag, das Du das Sie, sage ich.

Das Abendland sich selbst.

So greint der Chor der Anständigen der abgelebten Höflichkeit hinterher. Die gute Kinderstube? Drogenhölle, Räuberhöhle. Alten hilft man nicht über die Straße, man schubst sie vor das nächste Pizzataxi. Halt. Natürlich nicht, ohne sie zuvor gründlich auszurauben.

Früher war das anders. Da war der Mensch noch kultiviert und geschliffen.

Gelobt sei die alte Welt: Als das Abitur noch was wert, die Menschen der deutschen Sprache noch mächtig, das Alter noch geachtet, die Briefe noch aus Papier, Frauen noch Damen, Männer noch Herren, Ehen noch ewig und Therapeuten die Sozialfälle waren, weil Psyche noch keine Psychos produzierte. Damals, als die Menschen noch zivilisiert in Achtung ihrer unverbrüchlichen Würde friedlich zusammenlebten und Abend für Abend mit Anstand, Takt und Stil in den Sonnen-untergang tanzten.

Und heute? Müde von den Scham- und Geschmack-losigkeiten der dekadenten Postmoderne ist die Höflich-keit – ganz wie es ihre Art ist – still und leise verschie-den. Nicht einmal eine anständige Beerdigung hat sie bekommen. Schnief.

HERRN REICH REICHTS

Knigge, Sie kennen mich. Ich bin ein höflicher Mensch, aber das hat mich getroffen. Die Welt da draußen ist so rüde und herzlos geworden, dass man einfach nur weinen möchte.«

Herr Reich kennt meine Arbeit. So wie eigentlich jeder, der meinen Namen kennt. Aber so niedergeschlagen kannte ich Herrn Reich nicht.

Wir wohnen in derselben Straße und tun, was Nachbarn halt so tun: plaudern, die Post annehmen und im Urlaub die Blumen gießen. Kaum zu trösten war er:

»Erst werde ich behandelt wie ein Hotelpage und dann auch noch Opfer vorsätzlicher Körperverletzung.« Seine Trauer war mit Händen zu greifen.

»Herr Reich, erzählen Sie. Das klingt ja furchtbar.«

»Also, ich war heute Morgen im Kaufhof. Beim Reingehen halte ich einer Dame die Tür auf. Glauben Sie, sie hätte es nötig gehabt, sich zu bedanken?«

»Scheinbar nicht?«

»Offensichtlich nicht! Frech ins Gesicht gegrinst hat sie mir. Und beim Rausgehen haut mir so eine verlauste Göre mit Ring in der Nase die Tür ins Gesicht. Mitten ins Gesicht!«

»Unschön.«

»Wissen Sie was, Knigge? Das wars. Endgültig. Ich halte keiner Frau mehr die Tür auf.«

DESHALB, JAMMERLAPPEN:

Erlittenes Unrecht soll euch sofortiger Anlass sein, es allen anderen heimzuzahlen.

WARUM NUR BAD NEWS
GOOD NEWS SIND

Granatfeuer ist überhaupt ganz interessant.

Ernst Jünger

Hast du den Autofahrer aufgeschrieben, der dich reingelassen hat?«

»Nein.«

»Die Frau, die sich gebückt hat, als dir an der Kasse das Wechselgeld runtergefallen ist?«

»Nein.«

»Der Bengel, der die ganze Bahn beschallt hat, aber mir seinen Sitzplatz angeboten hat?«

»Das versteht sich ja wohl von selbst.«

»Der Dings in der Bäckerei da, weißt du. Der meinte, dass du vor ihm dran warst?«

»Ach, der. Na wer war denn als Erster da? Soll ich auch noch …«

»Ist ja gut … reg dich ab. Mmh … Dein Chef hat sich doch gestern für den Rüffel neulich entschuldigt.«

»Ja so weit kommts noch, dass ich den erwähne.«

»Dann schreib halt den Busfahrer auf, der dir vor der Nase weggefahren ist.«

Brainstorming eines Paares zum Thema »Alltagsbegegnungen« in einem Wertschätzung-Seminar.

Gute Nachrichten sind langweilig. »Ja, fein!«, »Ui, prima!« – Einmal kurz mitfreuen, mehr ist da nicht rauszuholen. Bei aller Liebe. Na ja okay, vielleicht kann man sich mittelfristig eine Scheibe abschneiden vom wohlgeratenen Käsekuchen oder dem Fünfer im Lotto. Aber mehr ist da nicht drin.

Ganz anderes emotionales Potenzial bieten schlechte Nachrichten. Sie sorgen dafür, dass wir uns lebendig fühlen. Denn sie gehen ins Blut wie eine Adrenalinspritze. Sie sprechen den Instinkt an und führen blitzschnell zu innerer Aktivität. »Könnte mir das auch passieren? Bin ich der Nächste?«

Schlechte Nachrichten beflügeln die Fantasie und stoßen Assoziationskettenreaktionen an, die mit potenziellen Gefahren und Vermeidungsstrategien spielen. Und am Spielen hat unser Hirn einen Heidenspaß. Action-Kopfkino – was will man denn mehr im grauen Alltag voller unausgelebter Träume.

Jede schlechte Nachricht ist eine Möglichkeit, sich lebendig zu fühlen, sich zu spüren. Bad News fordern unser Talente, unsere Ideen und unsere Tatkraft. Fantasie hin oder her, schlechte Nachrichten machen lebendig.

DESHALB, IHR WEICHEIER:

Macht jede negative Ausnahme zur Regel. Erklärt das Positive zur Selbstverständlichkeit.

HEUL DOCH!

Gegen Ende der Besetzung des Irak nach dem dritten Golfkrieg wurden Schiffe der Royal Navy von der iranischen Marine aufgebracht. Das britische Verteidigungsministerium erklärte, sie hätten ein Patrouillenboot für die neue irakische Flusspatrouille von Umm Kasr nach Basra überführen wollen und seien, so ein Sprecher der Britischen Botschaft in Teheran, durch einen »unglücklichen Fehler« der Bootsführer in der engen Mündung von Euphrat und Tigris versehentlich in iranische Hoheitsgewässer geraten. Zum Medienereignis wurde dieser Fall, weil die Seeleute sich für Angehörige der Royal Navy außergewöhnlich verhielten. Denn einige verkauften ihre Geschichte nach Entlassung aus der Haft und Rückkehr nach Großbritannien an die Medien. Entscheidendes Novum war, dass das britische Verteidigungsministerium und die Royal Navy das Geschäft mit den Medien zunächst freigaben und guthießen. Bis die ersten tränenreichen Berichte in Londons Massenblättern erschienen.

Statt würdevollen Schweigens über Gefangennahme und Gefangenschaft – schon aufgrund militärischer Geheimhaltung sinnvoll – ausufernde Bekenntnisse und Einblicke in die Gefühlswelt der Soldaten. Das konservative britische Magazin *The Spectator* kommentierte die Kampagne der Yellow Press mit Entsetzen. Die Eröffnung eines jungen Seemanns, er habe sich in Gefangenschaft Nacht für Nacht in den Schlaf geweint, zeige, dass im verheulten Britannien Würde selten geworden ist. Nicht Heulen sei das Problem. Sondern dass scheinbar niemand mehr ein Gefühl dafür hatte, was besser privat bleiben sollte. Bemerkenswert finde ich das Schlussstatement des *Spectator*: »Derlei Seelenstriptease bezeugt Schwäche und bestärkt unsere Feinde im Glauben, wir seien zu dekadent, uns zu verteidigen. Man kann nicht genau sagen, wie viele Briten dieses Urteil heute teilen. Mit Sicherheit gehören sie zu einer erzogenen Minderheit.«

DESHALB, LEICHTMATROSEN:

Eure Heimat ist die Tränensee.

DAS GROSSALTIGE BIER

Ich esse gerne chinesisch. Authentisch chinesisch. Wer den Hühnerfuß nicht ehrt, der ist des Vertrages nicht wert. So lautet ein chinesisches Sprichwort von mir. Beim Essen zeigt es sich, ob man einer oder keiner ist. Daran, was man isst und wie man ist. Als Mensch. Wie man was von sich zeigt. Schon manches Geschäft zwischen Deutschen und Chinesen ist nicht zustande gekommen, weil Hinz & Kunz meinten, sie könnten auf das gemeinsame Abendessen mit Chef & Chef-Chef verzichten, um in der Hotellobby die Präsentation für den nächsten Morgen fertig zu machen. Was Hinz ahnte, aber Kunz nicht glaubte, war, dass es keinen nächsten Tag gab. Zumindest keinen, an dem sich Geschäfte machen ließen. Das hätte abends passieren müssen. Zwischen Entenzungen, Schweinerippchen und tausendjährigen Eiern. Wenn Chinesen direkte Fragen stellen nach Haus, Frau, Auto und Bankkonto, wenn der Baijiu fließt und man von seinen chinesischen Gastgebern mit den Stäbchen der Sitznachbarn gefüttert wird, dann gilt es Gesicht zu zeigen und das seiner Mitmenschen zu wahren. Sich nicht zieren, andere nicht bloßstellen, so lautet die Devise im Reich der Mitte.

Ich war jedoch gar nicht in Schanghai essen, sondern in Düsseldorf. In einem chinesischen Restaurant, in dem die Deutschen vom Buffet essen und die Chinesen und von der Karte. Das Menü war hervorragend und meine Gäste teilten unsere Begeisterung dem Kellner mit: »Großartig, das Essen, danke.«

Der Kellner schaute ein wenig unsicher.

»Großartig, danke!«, bekräftige ich nonchalant.

Der Kellner lächelte, nickte, verduftete und hinterließ fragende Gesichter. Denn ich wollte eigentlich zahlen. Die Fragen nahmen noch zu, als der Kellner wenig später wieder auftauchte mit einem großen Glas Altbier.

»Entschuldigung. Das habe ich nicht bestellt«, sagte ich.

Der Kellner sah mich an, als wollte ich ihn veräppeln.

»Ich glaube doch, Herr Knigge. Sie haben es nur nicht bemerkt«, sagte einer meiner Gäste. Dann nippte er an meinem Glas und bedankte sich beim Kellner: »Großartig, das große Alt.«

DESHALB, IHR HASENFÜSSE:

Der Fehler liegt immer bei den anderen. Immer. Sollen die halt einen einstellen, der mich versteht.

LICHT

Als Alexander III. von Makedonien noch klein und dick war, wurde ihm der Sage nach der berühmt-berüchtigte Bukephalos gezeigt. Das wildeste aller wilden Pferde. Und nicht mal der wildeste aller wilden Reiter hätte sich auf ihm halten können. Während also alle Reiter auf das verrückte, böse Pferd schimpften und es am liebsten als Salami gesehen hätten – der Rheinische Sauerbraten war noch nicht erfunden –, entschied sich Alexander, Schüler des Aristoteles, Bukephalos zu beobachten. Dabei stellte er fest, dass das Vieh nicht böse, sondern ängstlich war. Es fürchtete sich vor seinem eigenen Schatten, und diese Furcht war es, die den Schatten noch heftiger tanzen und die Furcht noch größer werden ließ. Eine klassische Gewaltspirale. Ihr kennt das von der Supermarktkasse. Versucht mal, die Ware so schnell in die Tüte zu packen, wie der Kassierer oder die Kassiererin kassiert. Dann wisst ihr, was ich meine. Was also tat der Alexander? Er drehte Bukephalos' Kopf der Sonne zu. Der furchtbare Schatten verschwand aus dem Blickfeld des Pferdes, und die Bewunderung für Alexander wuchs in dem Maße, wie die Angst des Pferdes schwand.

Was kann der Höfliche daraus lernen? Dass Heulen nichts bringt. Gebt dem Baby seine Milch, und es hört auf zu schreien, bevor ihr selbst anfangt zu schreien. Gebt dem Ausgelaugten, der den ganzen Tag gesprochen hat, Ruhe, und er wird zu selbiger kommen. Bietet dem, der den ganzen Tag stand, einen Stuhl an, und er wird seine Nerven wiederfinden. Solange wir keine Ahnung von ihren Ursachen haben, sind wir nicht Herr unserer Sinne. Bekommen wir eine Ahnung von unseren Affekten und Leidenschaften, dann können wir Pferden, anderen Menschen und uns selbst helfen, die Herrschaft über unsere Sinne zurückzugewinnen.

DESHALB, IHR LUSCHEN:

Meidet die Sonne.
Sie macht euren Schatten.

RÜCKEN

Einen, der zwar kein Weltreich, aber doch ein ganzes Heer von Mitarbeitern lenkte, lernte ich abends nach einem meiner Vorträge kennen. Wir kamen ins Gespräch, und mir fiel von Beginn an seine sehr legere Körperhaltung auf. Die Hände hinter seinem Kopf verschränkt, die Ellbogen nach außen abgestreckt, den Rücken fast in Liegeposition, den Bauch stolz vorgestreckt. Fehlte nur noch, dass er die Füße auf den uns trennenden Tisch in der Hotellounge legte.

Ich redete nicht wenig, er nicht viel. Je mehr ich sprach, desto unsicherer wurde ich, desto ablehnender empfand ich seine Körperhaltung. Aufreizend, lässig, Graf-Koksmäßig, unverschämt. Die Arroganz der Macht. Ich wurde schroff und einsilbig, das Gespräch verebbte.

Dann erhob er sich mit einem etwas zu lauten Stöhnen: »Herr Knigge, nehmen Sie es mir nicht übel, aber ich muss ins Bett. Ich laboriere immer noch an den Nachwirkungen eines Bandscheibenvorfalls. Es war ein sehr netter Abend, aber ich muss jetzt in die Waagerechte. Mein Arzt hat mir ja sogar geraten, die Füße auch am Tage hochzulegen. Habe ich aber jetzt mal darauf verzichtet, was sollen denn die Leute denken? Und der Knigge erst? Schlafen Sie gut.«

»Danke. Sie auch!«, hörte ich mich sagen. Sagen Sie das mal Ihren Mitarbeitern!, hörte ich mich denken. Die glauben sonst noch länger als ich, dass ein freundlicher Mensch wie Sie ein selbstgefälliger Mann sein könnte.

Mit dem Gedanken, dass ich mich ziemlich idiotisch benommen hatte, ging ich ins Bett. Für heute hatte ich die Nase voll von mir.

SCHATTEN

Christopher Vogler weiß, wie man eine Geschichte so erzählt, dass sie Menschen berührt. Vogler hat für Disney, Warner Bros., Fox und so ziemlich jedes andere Studio von Rang gearbeitet. Er weiß, wo und wie Bugs Bunny läuft. Er kennt so ziemlich jeden Stoff, aus dem Träume sind. Er weiß, welche Stationen der Held einer Geschichte durchlaufen und wem er auf seiner Reise begegnen muss, damit es saftig blockbustert.

In seinem berühmten Buch *Die Odyssee des Drehbuchschreibers* hat er die DNA des Hollywoodkinos sequenziert und schließt mit der ebenso simplen wie plakativen These, dass alle guten Geschichten letztlich Variationen von Homers *Odyssee* sind. Das Figurenkabinett dieser Geschichten beschreibt er als Wiedergänger der Archetypen des Schweizer Psychiaters und Begründers der analytischen Psychologie Carl Gustav Jung. Sie heißen *Held, Mentor, Magier* oder *Schatten*. Und mit Vornamen *Frodo, Obi-Wan, Joker* oder *Hannibal*.

Der dunkle Lord, der nihilistische Clown und der kultivierte Kannibale – so sind unsere Schatten. Mächtig, anarchisch und überlegen. Vor ihnen erschauern wir, und doch folgen sie uns überallhin. Und je nachdem, wie sie fallen, rennen wir ihnen sogar hinterher: das große

Rad drehen, wie es uns gefällt, mal rechts rum, mal links, mal schnell, mal gar nicht. Heißa, was für ein Vergnügen! Das weckt den Nero in uns. Den Brandstifter, der unten ohne über den Dächern von Rom zur Leier den Untergang besingt. Und zwischendurch ein paar Nachtigallenzungen einwirft. Aber so sind wir Beweiner der Höflichkeit nicht. Dafür sind wir doch viel zu sensibel. Wir sind milde. Zivilisiert, kultiviert. Wir sind keine machtgeilen Wölfe, wir wollen weder Galaxien beherrschen noch Menschen fressen. Wir sind immun gegen die Verführungen der Anmaßung. Humberto Maturana, chilenischer Biologe und Philosoph, mahnt:

»Wirklich gefährlich wird es, wenn man behauptet, man sei blind und immun gegen die Versuchungen der Macht. Man ist dann blind gegenüber seiner eigenen Verführbarkeit, gegenüber dem etwaigen Genuss der Machtausübung, gegenüber den Freuden der unkontrollierten Ausübung von Kontrolle. Meine Auffassung ist, dass man niemals glauben sollte, man sei in moralischer oder in irgendeiner anderen Hinsicht etwas Besonderes.«

DESHALB, WASCHLAPPEN:

Wir sind die Guten.
Gestatten, Gandalf Skywalker.
Weise, stark und mutig.

RÜHREND NAIV

Die Gegend hatte sich verändert. Früher waren hier Offizierswohnungen. Als ihr Mann gestorben war, ging nicht nur der Offizier von ihr, sondern mit ihm die Hälfte der Wohnung. Denn die Immobiliengesellschaft teilte sie. Frau von Schleywitz wohnte nun in der rechten, in der linken die sechs Pawlickis. Denn weil die Immobiliengesellschaft lieber kassierte als investierte, kamen Menschen, denen das egal ist oder egal sein muss. Einfach gestrickte Menschen. Und ihr Nachwuchs. Wie schön.

Der einfach gestrickte Nachwuchs wuchs und wuchs, auch der Schleywitzsche. Die Kinder verließen das Haus, wurden erfolgreich und versuchten, mehr als einmal, die Mutter davon zu überzeugen, dass auch sie ihren Weg machen solle. In das bessere Viertel am Rande der Stadt. Doch sie wusste selbst, wo sie hingehört. In ihre halbe Erdgeschosswohnung mit kleinem Garten und kleiner Hecke. Davor der Bürgersteig und auf dem Bürgersteig der Nachwuchs der einfacher Gestrickten. Rauchend, trinkend und lachend. Nicht immer, aber manchmal laut. Was Nachwuchs nun mal so tut, unabhängig davon, wer ihn wie gestrickt hat.

Frau von Schleywitz wurde auf einem ostpreußischen Gut geboren und war in ihrem Leben größeren Herausforderungen begegnet, als ein paar Jugendlichen die Leviten zu lesen. Und so trat sie eines Tages in ihren kleinen Garten, ging auf das Tor in der kleinen Hecke zu und sprach die vier Jungs an: »Guten Abend. Ich sehe nur ungern, dass ihr eure Zigarettenkippen auf den Bürgersteig werft. Außerdem muss jeder, der hier vorbei will, auf die Straße ausweichen.«

Die Jugendlichen schauten verdutzt und ein wenig spöttisch: »Was ist denn dein Problem, Oma?« Doch so gucken Menschen, denen andere sagen, was sie tun oder lassen könnten, eigentlich immer, überall.

Und so fuhr Frau von Schleywitz freundlich, aber bestimmt fort: »Ich schlage daher vor, ihr raucht zukünftig an meinem Gartentisch. Einen Aschenbecher habe ich euch schon hingestellt. Nehmt bitte eure Flaschen mit, wenn ihr geht, und unterhaltet nicht die ganze Nachbarschaft. Gute Nacht. Ich gehe jetzt schlafen.« Ab diesem Tag ging es vor Frau Schleywitz' Haus gesitteter zu als in der besten Gesellschaft.

DESHALB, IHR FEIGLINGE: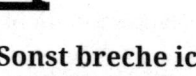

Ruhe da unten. Sonst breche ich euch die Beine! Scheiß Kinder.

VON LEUTEN UND MENSCHEN

»Sie verkehren mit diesem Leut, Baronesse?«
»Mit wem?«
»Mit diesem Leut, diesem Trugmann oder wie er heißt.«
»Krugmann? Wieso Leut, Gräfin?«
»Ach, Kind. Lernen Sie endlich, dass es Menschen und Leute gibt.«

Schon Sartre wusste: »Die Hölle, das sind die anderen.« Und auch Robinson Crusoe schwante Übles, als dieser Freitag um die Ecke bog. Berufswunsch? »Irgendwas ohne Menschen.« Denn die treten ja mittlerweile nicht mehr nur in der Bahn Zivilcourage und Menschenwürde mit Füßen. Sondern überall.

Ach welch Jammer. Unser ganzes schönes Land haben sie in ihren Klauen, diese Barbaren. Willkommen in der Rüpelrepublik. Doch ganz Germanien? Nein. Ein kleines, unbeugsames Dorf hat den Rückzug aus der Wirklichkeit angetreten. Hier hyperventilieren der Herr Dr. und die Frau Gräfin in ihren Panic Rooms.

Natürlich kennen Sie nicht nur Deutschland, sondern die ganze Welt. Obwohl sie ihr Dorf lange nicht mehr verlassen haben. Das ist nämlich viel zu gefährlich. Ist ja alles voller Leute da draußen. Weshalb sie ihre Zeit lieber mit Anne Will und Markus Lanz auf der Couch verbringen. Verstört von der Erosion des Sittengesetzes und der Evidenz des unleugbaren zivilisatorischen Verfalls, umstellt von Menschen, die in Schlafanzügen ihre Brötchen holen, von Walrössern in Menschengestalt, die die Fußgängerzonen verstopfen, und Studenten, denen man früher den Hauptschulabschluss verwehrt hätte, haben die Aufrechten eine Wagenburg gebildet. Und den Wassergraben mit ihren Tränen geflutet. Die Zugbrücke konnte im letzten Moment hochgezogen werden. Gott sei Dank. Denn die bessere Gesellschaft will unter sich bleiben. Und sie hat Besseres verdient: sich selbst.

DESHALB, KOMTESSEN:

**Wer sich fraternisiert,
wird füsiliert.**

IRRE: SPANIER-KÖNIG ISST ERFRISCHUNGSTUCH!

So sähe vermutlich eine deutsche Schlagzeile anlässlich eines Eklats aus, der sich am spanischen Königshof zugetragen haben soll. Seine Majestät König Juan Carlos I., seinerzeit König von Spanien sowie König von Kastilien, León, Aragonien, beider Sizilien, von Jerusalem, Navarra, Granada, Toledo, Valencia, Galicien, Sardinien, Córdoba, Korsika, Murcia, Jaén, der Algarve, Algeciras, der Balearen, von Mallorca, der Kanarischen Inseln, der West- und Ostindischen Inseln und der Neuen Inseln und Festländern des Ozeans, Erzherzog von Österreich, Herzog von Burgund, Brabant, Mailand, Athen und Neopatras, Graf von Habsburg, Flandern, Tirol, Roussillon und Barcelona, Argaz, Herr von Biskaya und Molina de Aragón, Generalkapitän der königlichen Streitkräfte und deren Oberkommandierender, Großmeister des Spanischen Ordens vom Goldenen Vlies, Großmeister der Ritterorden von Karl III., Montesa, Alcántara, Calatrava, Santiago, Maria Luisa, Ritter des Ordens von St. Xavier, des Ordens von Anunciada, des Hosenbandordens, Großkreuz-Bailli des griechischen Ordens des Heiligen Georg und Heiligen

Konstantin, Ehren- und Devotions-Großkreuz-Bailli des Souveränen Malteserordens sowie Träger des Großkreuzes der Légion d'Honneur, habe anlässlich eines Bankettes zu Ehren eines verdienten Landarbeiters seine Fingerschale ausgetrunken.

Dieser ungeheuerliche Vorgang muss auf einen Bürger der kulinarisch hochstehenden Tapas-Nation am Südwestzipfel Europas in etwa so wirken, als würde Franz Beckenbauer auf dem Oktoberfest das zum Hendl zwecks Reinigung der Finger mitgelieferte Zitrustuch zum Nachtisch verspeisen.

»Skandal! Der sollte es doch besser wissen. Wenn sich Könige und Kaiser nicht mehr zu benehmen wissen, können wir ja gleich zumachen!«, höre ich die Heulsusen heulen, hinauf bis in meine Schreibecke im Turmzimmer. Nur warum hat der spanische König so gehandelt? Um den Bauern vor der Häme der Höflinge zu schützen. Der König hat aus der Fingerschale getrunken, weil zuvor sein Gast aus der Fingerschale getrunken hatte.

Einstimmige Klagelieder klingen nicht. Mehrstimmig hingegen sind sie die reine Freude. Der Grund zur Klage ist erst mal unerheblich. Und zur Not schnell gefunden. Empörtes Ich, empöre dich! Empört euch! Empörung funktioniert immer. Empörung ist so schaurig-schön ansteckend. Hier wir, da die. Kaum empört sich einer, empören sich andere mit. Man kann sich über Stuttgart 21 empören und über die, die sich nicht mit der Empörung solidarisieren. Ihr kommt aus Hannover? Klasse. Mit diesem Button seid ihr einer von uns. Was, wenn Hannover plötzlich auch auf die Idee kommt, seinen Bahnhof zu verbuddeln? Der Mensch ist kein Maulwurf! Also ans Revers mit dem Ding. Keine Diskussion.

Ich habe letztens was nicht mitgemacht. In der Metzgerei hatte ich keine Lust, in die Empörung darüber einzustimmen, dass das Verkaufspersonal für handgestoppte 47 Sekunden weder zu sehen noch zu hören war. Das Summen der Kühltheke schien dem Mittfünfziger hinter mir Kopfschmerzen zu bereiten. Es brodelte in ihm wie die Mortadella im Wurstkessel.

»Das ist doch unglaublich. So eine Theke muss doch durchgehend besetzt sein. Eine Unverschämtheit gegenüber den Kunden.« Er tippte mir auf die Schulter. »Oder haben Sie Ihre Zeit gestohlen?«

Nicht weinen, dachte ich mir, und schenkte ihm ein aufmunterndes Lächeln. Denn der Metzgermeister kam mit einer großen Schale knackiger Wiener Würstchen aus dem Kühlraum und konnte den Krakeel aus dem Verkaufsraum schwerlich überhört haben.

»Wem darf ich als Nächstes weiterhelfen?«, fragte er.

»Dem Herrn hier«, sagte ich und trat zur Seite.

»Er hat es eilig.«

DESHALB, IHR SCHWÄCHLINGE:

Erspart niemals niemandem
never ever Peinlichkeiten,
die sie sich eingebrockt haben.
Wo bliebe der Erziehungseffekt?

VERGEBEN?
KANNSTE VERGESSEN!

Mein allererstes Büro lag neben der Generalvertretung für Versicherungen Schmalkalden. Parkplatznot. Jeden Tag. An diesem Tag jedoch direkt vor dem Büro ein freier Parkplatz. Meiner. Die A-Klasse hinter mir musste sich ein wenig kleiner machen. Dann würde es passen. Warum heißen denn Stoßstangen Stoßstangen? Wunderbar. Sitzt, wackelt nicht mehr, und auch die Luft ist knapp. Das Rumpelstilzchen, das mir beim Abschließen meines Wagens entgegensprang und nicht sich, sondern mich zerreißen wollte, bekam auch keine Luft mehr. Mein Gott. Was ist mit dem los? Soll sich nicht so anstellen, der Versicherungsfuzzi.

Das anschließende Gespräch, das keins war (»Dann ruf doch die Polizei!« – »Darauf kannst du dich verlassen!«), hinterließ Wunden, auch wenn keine Polizei gerufen wurde. Es wurde Frühling, es wurde Sommer, es wurde Herbst, es wurde Winter. Mindestens einmal die Woche begegneten sich Schmalkalden und ich und würdigten uns keines Blickes.

Eines Morgens hob ich den Kopf und sagte: »Guten Morgen.«

Schmalkalden, der bis dahin für mich nur der Spießer mit der Igelfrisur war, lächelte und erwiderte meinen Gruß: »Guten Morgen.«

Geht doch, sturer Hund, dachte ich bei mir und war mir nicht ganz sicher, wen ich damit meinte.

DESHALB, IHR MUTTERSÖHNCHEN:

Haltet nie die rechte Wange hin.
Oder seid ihr Jesus? Wächst euch
Gras aus den Schuhen? Könnt ihr
übers Wasser gehen? Habt ihr
Löcher in den Händen? Nein.
Dann tut auch nicht so.

SO WAS GABS
FRÜHER NICHT

Früher gab es noch Fahrkartenschalter und Kaufhäuser und Postämter, zum Bersten gefüllt mit liebreizendem Personal. Früher war der Euro noch zwei Mark wert, da hat der Barthel noch den Most geholt, nicht der Berkant oder der Bulut. Früher wurden bei Konzerten noch Zugaben gespielt, und es gab noch Vorgesetzte wie den Doktor Jäger. Heißa, das war einer. Hart, aber herzlich. Eine Führungskraft vom alten Schrot und Korn. Trinken konnte der! Wollte nach der Pleite noch mal neu anfangen in Florida. Mit dem Geld aus der Betriebsrentenkasse. Hat erst seine Frau und dann sich selbst erschossen. An der Kälte der Welt ist er zerbrochen. Warum müssen immer nur die Guten gehen?

Die Verklärung der Vergangenheit bei gleichzeitigem Leiden an der Gegenwart ist eine anthropologische Konstante. Die Jugend ist den Weisen schon immer auf die Nerven gegangen mit ihrer Kraft, die Jugend wiederum hielt die alten Säcke seit jeher für scheintote Spießer. Wie viele Denker der Vergangenheit schrieb auch Adolph Freiherr Knigge der Jugend einige mahnende Worte ins Stammbuch, richtete seine Worte aber ebenso an die älteren Semester: »Selten nehmen ältere Leute so billige Rücksicht, dass sie sich in Gedanken an die Stelle jüngerer Personen setzen, die Freuden derselben nicht störten, sondern vielmehr zu befördern und durch Teilnahme lebhafter zu machen suchten.«

ODE AN DIE HEULSUSE

Oh Heulsuse! Welch merkwürdige Mischung du bist aus Stubenhocker und Vagabund. Immer am falschen Ort, nie findest du dein Glück. Mit deinem kulturpessimistischen Schneckenhaus auf dem Rücken streifst du durch die Lande. Und gerätst – selbstverständlich völlig unverschuldet – an einen ungehobelten Klotz nach dem anderen.

Oh Heulsuse. Das war auch nie anders. Egal wo. Du hattest schon immer einen Magneten für die Typen, die seit dem frühen Morgen kein anderes Ziel verfolgen, als dir das Leben zur Hölle zu machen. Autofahrer, die dich schneiden, Kantinenpersonal, das dir Kinderportionen auf den Teller klatscht, und dicke Dussel, die im Kino immer press vor dir sitzen und selbst auf dein charmantes »Ist dein Vater Glaser?« ihren fetten Arsch nicht in Bewegung setzen.

DESHALB, IHR HEULSUSEN:

**Es regnet immer dort,
wo ihr gerade steht.**

KROKODILSTRÄNEN,
FRISCHE KROKODILSTRÄNEN

Beweinen bedeutet, ein Weichei zu sein, aber andere dafür zu halten. Wer beweint die Höflichkeit? Die miesepetrigen Bildungsbürger, die nicht den Mut haben, das Positive zu sehen. Die empörten Wutbürger, die von einer besseren Welt träumen, statt sie hervorzubringen. Die gnadenlos Dünnhäutigen, die nur darauf lauern, endlich zurückzuschlagen. Alle ängstlichen Heulsusen, die unter ihrem Selbstmitleid andere leiden lassen.

Beweint die Höflichkeit, indem ihr immer und überall Menetekel des kulturellen Verfalls erblickt. Dreht gewöhnlichen Leuten aus allem einen Strick, euch selbst hingegen, ihr edlen Damen und Herren der Welt, bastelt aus allem einen Heiligenschein. Beweint die Höflichkeit, indem ihr euch auf das konzentriert, was gar nicht geht, was nicht sein kann, weil nicht sein darf, weil es auch anders ging, ginge und gegangen war. Irgendwie, irgendwo, irgendwann. Nur nicht hier bei euch. Beweint die Höflichkeit, indem ihr meidet und vermeidet. Euch selbst und eure Schatten, eure Mitmenschen, die Welt und ihre Sonnenseiten. Malt euch die Welt so, wie sie euch missfällt, stimmt ein in jedes Klagelied und übertönt mit Zeter und Mordio jede frohe Botschaft.

DER GEFALLEN

Herr Rosa kam nach Hause, da sprach ihn sein Nachbar Herr Schwarz an:

»Ich fand es sehr nett von Ihnen, Herrn Roth diesen Gefallen zu tun.«

»Danke. Er hat mich ja sehr freundlich darum gebeten.«

»Ja, sehr freundlich ist er. Das scheint seine Masche zu sein.«

BEKÄMPFEN

Die Kunst des Krieges gegen die Höflichkeit

»Wie ich hörte, haben Sie auch ein Klavier.«
(Aus dem Mund meiner japanischen Nachbarin.)

SPALTAXT

Meine japanische Nachbarin ist Konzertpianistin. Sie vertraute mir einmal bei einer Tasse Sencha an, dass sie in den ersten Monaten in Deutschland die Wohnung kaum verlassen habe. Die direkte Art der Nachbarn und der Menschen auf der Straße sei für sie nur sehr schwer zu ertragen gewesen. In ihrer Heimat, sagte sie, sei es im Gespräch zwar so, dass der Zuhörer die Verantwortung dafür habe, den Sprecher zu verstehen. Gewichtiger sei aber die Verantwortung des Sprechers, das Gesicht des Angesprochenen zu wahren.

In Deutschland trägt wie in Japan der Zuhörer die Verantwortung, den Sprecher zu verstehen. Der aber trägt eine Spaltaxt, mit der er anklopft wie Jack Nicholson in *The Shining* und durch die zersplitterte Tür flötet: »Noch mal klimpere wenn Tatort, ich Klavier Feuerholz mache. Kapiert?«

»RETOUR À LA NATURE!«

Mittels Urschrei begründete Jean-Jacques Rousseau, Philosoph und Wegbereiter der französischen Revolution, in seinem Hauptwerk *Discours sur l'inégalité* die moderne Vorstellung eines Naturzustandes. Und ein neuer Erdenbürger erblickte das Licht der Welt: der Edle Wilde. Darf ich vorstellen? Das Idealbild des von Zivilisation unverdorbenen Naturmenschen. Kultur empfinden Freunde dieser Art Ötzi, Bigfoot oder Rübezahl als menschlichen Bedürfnissen zuwider. Sie verforme, entfremde und degeneriere seine Lebensverhältnisse. Die Liebhaberinnen und Liebhaber des Edlen Wilden erheben Einspruch, monieren den Verfall der Sitten, die Rationalisierung und die Entfremdung und beklagen die unheilvolle Herrschaft von Schattenmächten wie Geld, Technik oder Medien. Dabei spielen sie mit Verlustängsten und kompilieren in ihren Thesen meist assoziativ Einflüsse zahlreicher Wissensgebiete. Ihr Credo ist einfach: Natur ist gesund, Kultur verdirbt den Charakter. Der Edle Wilde lebt in sich, der gesellschaftlich Überformte stets außerhalb seiner selbst. Erst wenn er sich wieder dem »allgemeinen Willen« der Natur unterwirft, ist er »echt«.

Schon die ollen Griechen beklagten den Verlust eines vorzivilisatorischen Goldenen Zeitalters, das gestürzt wurde von Astronomen, Geometern, Geldverleihern und Tempeldienerinnen. Das Kernmotiv des kulturkritischen Denkers ist das verlorene Paradies. Wie Kapitän Ahab nie ohne Holzbein auftritt, ist der ständige Begleiter des Kulturkritikers der Weltuntergang. Delirium furiosum, Ozonloch, Bienensterben, MRSA, Hormone in der Veggiewurst – sein Auftritt ist der des apokalyptischen Propheten. Er hat immer und überall eine Gänsehaut-Story parat. Und findet Gehör. Denn Gänsehaut liebt jedes Kind.

DESHALB, SÖLDNER:

**Höflichkeit ist die sicherste Form
der Verachtung. Hinfort mit Kultur
und Künstlichkeit. Esst das Gare,
trinkt das Klare, sprecht das Wahre.
Tod den Schleimern, Schlawinern
und Strippenziehern.**

KUNSTVOLLE NATÜRLICHKEIT

Tu doch nicht so,
du magst es doch auch,
ich bin ein Teil von dir.
Guck dich doch um,
sieh sie dir an,
sieh sie dir an,
sieh sie dir an.

Deichkind, *Leider geil*

Was speist die gefühlsbetonte Sprache des Körpers? Dasselbe Motiv, das auch Volksparteien antreibt: uralte, interne Flügelkämpfe. Aristoteles beschreibt uns in seiner *Nikomachischen Ethik* als Gewohnheitstiere und Habitus-Menschen – bestehend aus zwei Seelenteilen: dem unvernünftigen und dem vernünftigen. Wobei der vernünftige das Sagen hat. Ohne jedoch den unvernünftigen zu unterdrücken, der seine Eigenarten erlaubt und seine Freiheit respektiert. Der Habitus-Mensch will seine Natürlichkeit nicht verlieren, aber auf seine Möglichkeit zum Kunstvollen nicht verzichten. Er strebt ernsthaft und scheitert gelassen.

Doch wir haben auch noch einen Romantiker an Bord. Hören wir stellvertretend für diese Epoche Schiller. Wie üblich kocht ihm der Kaffee. In einem Brief an Körner vom 19. Februar 1793 schreibt er:

»Offenbar hat die Gewalt, welche die praktische Vernunft bei moralischen Willensbestimmungen gegen unsere Triebe ausübt, etwas Beleidigendes, etwas Peinliches in der Erscheinung. Wir wollen nun einmal nirgend Zwang sehen, auch nicht, wenn die Vernunft selbst ihn ausübt; auch die Freiheit der Natur wollen wir respektiert sehen.«

Die praktische Vernunft ist die Vorwürfe, die die praktische Unvernunft ihr gegenüber seit Jahrtausenden erhebt, gewohnt. Da wird sie auch einen romantischen Gefühlsdusel wie den Schiller überleben. Die Leier kennt sie schon: Kaltblütig und hartherzig sei sie. Ihr Geist messerscharf, ihre Seele eiskalt. Der Kopf mag wichtig sein, aber was wäre er ohne den Körper!

Doch da bleibt sie kühl, die Vernunft, kein Gefühl! Die heißblütige Leidenschaft, die gefühlsduselige Empfindsamkeit der Unvernunft sind Gift für die Höflichkeit, sagt sie. Hört man aber die Vernunft über die Unvernunft reden, dann klingt sie bisweilen sehr eifernd, dann wird sie sehr leidenschaftlich: Nicht mehr ihrer Sinne sei die Unvernunft, hirnverbrannt, habe mal wieder die Fassung verloren, außer sich sei sie, habe völlig die Kontrolle verloren und sich hinterher selbst nicht wiedererkannt! Zu keinem klaren Gedanken fähig, die Zornesröte im Gesicht, von ihren Gefühlen übermannt, blind vor Wut seien ihr sämtliche Sicherungen durchgebrannt. Mit tränenerstickter Stimme aus der Haut gefahren. Völlig von der Rolle. »Mit der Unvernunft ist einfach kein vernünftiges Gespräch möglich, da kann der Schiller sich noch sehr gegen mich wehren. Basta!«

Ganz schön dünnes Nervenkostüm, diese Vernunft, sagt mir mein Bauchgefühl.

DESHALB, FLAMMENWERFER:

Nur die halbe Welt ist aus Teflon und Asbest. Der Rest ist brennbar.

ÄTZEND

Nein! Also, ich – untröstlich. Also. Oh. Das tut mir so leid jetzt. Echt.«

»Ach, es gibt Schlimmeres.«

»Nein. Wir übernehmen selbstverständlich die Reinigung!«

»Das ist wirklich nicht nötig.«

Hose klatschnass. Auf das Alt hatte ich mich echt gefreut. Ein Lappen wäre jetzt hilfreich. Aber was krieg ich? Einen Jammerlappen.

»Nein, das ist mir so unangenehm. Das ist mir schon ewig nicht mehr passiert. Das ist mir so unangenehm. Normalerweise bin ich doch so gewissenhaft. Da können Sie jeden fragen. Wir zahlen selbstverständlich die Reinigung. Nein, wir ersetzen Ihnen gleich die ganze Hose!«

Das war Bier, nicht Schwefelsäure, denke ich. »Wirklich nicht nötig, danke.«

»Doch, ich bestehe darauf. Ewig ist mir das nicht mehr passiert. Das muss noch in der Ausbildung gewesen sein! Und das ist wirklich …«

»… 'ne Weile her«, rutscht es mir heraus.

»Wie charmant von Ihnen. Aber das passiert auch den Besten mal. Als hätte ich das mit Absicht gemacht!

Für mich als Kellner ist das doch unangenehmer als für Sie!«

So ist sie. Die Unhöflichkeit weiß einfach nicht, wann es gut ist. Sie kann ihren vorlauten Schnabel nicht halten. Sie meint sich zu entschuldigen und geht dem anderen so lange auf die Nerven, bis der die Nerven verliert. Sie stellt Fragen, deren Antworten für ihre Ohren nicht bestimmt sind, und bohrt so lange nach, bis dem anderen die Schamesröte im Gesicht steht. Sie quatscht andere so lange voll, bis diese verstummen, um ihnen postwendend Unfreundlichkeit vorzuwerfen. Sie rückt anderen so lange auf die Pelle, bis diese ihre Stacheln ausfahren. Von allem ein wenig zu viel, von allem ein wenig zu wenig. Ungeschminkt, aber in voller Kriegsbemalung. So kennen wir sie. Sie kann halt nicht anders.

DESHALB, APACHEN:

Sammelt alle Friedenspfeifen ein, um einen Marterpfahl daraus zu machen.

MAILBOMB

Doch auch in der virtuellen Welt und der digitalen Kommunikation sind Gelegenheiten nicht knapp, sich ungeschminkt zu zeigen. Und auch wenn viele Apologeten ein Aussterben der E-Mail vorhersagen, wird sich bis zur vollendeten digitalen Kommunikation via holografischer Projektion noch eine Weile mit dem geschriebenen Wort zu bescheiden sein. Dabei gibt es einen einfachen Trick, den ich das »Prinzip der Immediate Action« nenne. Das ist ein Spiel mit der Zeit, wie beim Organhandel, und zielt darauf, maximal affektiv zu kommunizieren.

Wenn also irgendwas passiert, neue Mail, Fenster auf, reinhacken und ab dafür. Schon ein zweites Lesen kann euch wichtige Textpassagen kosten, die eurem Gegenüber fehlen, um den Grad eurer Erregung ermessen zu können. Also direkt abschicken, nichts verrauchen lassen. Eine unhöfliche Mail wird sich verbreiten wie ein Grippevirus auf der Türklinke. Jeder, der eine kriegt, wird nicht nur eine zurückschreiben. Gemäß der viralen Natur des Frustes wird bei nächstbester Gelegenheit doppelt austeilen, wer einstecken musste. Zur Not kriegt einfach der Fahrradkurier eine vor den Koffer. Büronachbar, Abteilung, Gebäude C, Niederlassung Darmstadt, Distrikt Südwest, Europe Middle East Africa – schon nach wenigen Virengenerationen hat eure simple, kleine Stinke-Mail mit einer Denial-of-Service-Attacke den globalen Mailserver der Höflichkeit lahmgelegt. Gratuliere!

Selbst der heftigste Gewitterschauer versickert und kommt manchmal erst nach Jahrhunderten, von Sedimenten und Felsdecken gefiltert, klar und frisch aus einer kleinen Quelle oder einem Brunnen wieder an die Oberfläche. Das kann für euch kein Vorbild sein. Verhaltet euch wie ein Schlammvulkan und kotzt eure kochenden Innereien möglichst spontan auf das Antlitz der Erde. Verbergt eure Affekte nicht, zeigt sie in aller Körperlichkeit. Lasst euch nicht domestizieren, entmannen wie die Ochsen. Bleibt wilde Tiere auf zwei Beinen. Macht anderen ein Geschenk, indem ihr auf den schönen Schein verzichtet. Zeigt euch, wie ihr seid. Zeigt, was ihr wirklich wollt. Ihr da, die Geschöpfe hinter den Rollen. Die Echten hinter den Masken. Befreit euch, sublimiert nicht. Lasst den Gefühlen freien Lauf. Dann weiß wenigstens jeder, woran er ist bei euch.

In einer Welt, in der Konflikte nicht mehr zur Zufriedenheit des Tieres in uns ausgetragen werden können, ist die Frage nicht »Angriff oder Flucht«, sondern »Wer kriegt das Magengeschwür«. Und die sollte ja wohl eindeutig zu beantworten sein.

DESHALB, IHR HECKENSCHÜTZEN:

Nehmt kein Blatt vor den Mund.
Erst recht nicht online.
Immer feste druff.

SEIT SIE SICH DUZEN

Der Mensch ist Individuum und soziales Wesen zugleich. Und das macht die Sache so verzwickt. Die Sehnsucht nach Nähe und Distanz. Das muss man balancieren können. Der Philosoph Arthur Schopenhauer beschreibt das in seinem Buch *Parerga und Paralipomena* mit einer, wie ich finde, tierisch guten Geschichte. Aber lest selbst:

»Eine Gesellschaft von Stachelschweinen drängte sich an einem kalten Wintertage recht nahe zusammen, um durch die gegenseitige Wärme sich vor dem Erfrieren zu schützen.

Jedoch bald spürten sie die gegenseitigen Stacheln, und sie entfernten sich dann wieder voneinander. Wenn nun das Bedürfnis der Wärme sie wieder näher zusammenbrachte, wiederholte sich jenes zweite Übel, so dass sie zwischen beiden Leiden hin- und her geworfen wurden, bis sie eine mäßige Entfernung voneinander herausgefunden hatten, in der sie es am besten aushalten konnten.«

Im französischen Film *Das Leben ist ein langer ruhiger Fluss* gibt es ein Ehepaar, das sich siezt. Die beiden schützen damit ihre Liebe, denn Distanzlosigkeit führt automatisch zu Unhöflichkeit.

Der französische Denker und Schreiber Alain spitzt zu: »Der unhöflichste Ort der Welt ist die Ehe.« Deshalb plädiere ich dafür, dass Eheleute einander wieder siezen. Denn selbst Scheidung ist laut Alain keine Lösung: »Unhöfliche sind sogar unhöflich, wenn sie alleine sind.«

EARL OF EGO

*Höflichkeit überzeugt nicht immer von Güte, Gerech-
tigkeit, Gefälligkeit und Dankbarkeit; sie gibt aber wenigstens den Schein dieser Dinge und lässt den Menschen nach außen so sein, wie er innerlich sein müsste.*

La Bruyère, Charaktere

Das Wesen der Höflichkeit besteht im Imageschutz.
Alles ist darauf ausgerichtet, Gesichter zu wahren.
Das eigene und die seiner Mitmenschen. Aber welches
Gesicht soll da eigentlich gewahrt werden? Welchem
Bild soll dieses Gesicht entsprechen? Ohne Menschen-
bild geht in der Höflichkeit wenig. Ein Bild, das dem
Menschen gerecht wird: sowohl seiner nicht zu leugnen-
den Natur als auch seiner Fähigkeit zur Kultivierung.

Der Mensch ist selbstverständlich ein Egoist, auch der
Höfliche. Doch lässt er es dabei nicht bewenden, es ist
ihm unangenehm, dass er so ist, so auf sich konzentriert,
um des eigenen wie auch immer gearteten Vorteils willen. Der Satz »Das ist doch nur menschlich« tröstet ihn
nicht, wenn er gelogen, sich am Buffet den Teller voll
gehauen und den letzten Schluck aus der Weinflasche
genehmigt hat, er spornt ihn vielmehr an.

Der normativen Kraft des Faktischen Adieu zu sagen
und dem Menschenmöglichen Bonjour. Nicht um sei-

nem Egoismus zu entfliehen, das gelingt auf Erden den wenigsten, so realistisch ist der höfliche Mensch. Nein, um im Umgang mit anderen *so zu tun*, als wäre man es tatsächlich losgeworden, dieses liederliche Ego. In der Hoffnung, dass das Spiel mit dem schönen Schein tatsächlich auf das eigene Sein abfärbt, dass das Ego aller am Umgang Beteiligten nicht mehr ganz so auf dicke Hose macht. Auch wenn die Realität immer wieder das Gegenteil zu beweisen scheint, der Höfliche hält fest an seinem positiven Menschenbild. Er traut Menschen eine Menge zu und schließt sich dabei ausdrücklich ein. So viel Ego darf dann schon sein. Er gibt den Menschen ein Gesicht. Allen: Von der Klofrau bis zum Vorstandsvorsitzenden; er wahrt das Gesicht seines Gegenübers auch dann noch, wenn dieser sich schon längst selbst demaskiert hat, und reicht ihm die Hand, damit er sein Gesicht wieder zurückgewinnt. Gegen alle inneren und äußeren Widerstände.

Der Höfliche hängt an seinen Idealen und hält die Realität für nebensächlich. Nicht weil er naiv wäre, sondern weil ihm nichts Menschliches fremd ist: Weil er ein Egoist ist, der sich für seinen Egoismus schämt. Und glaubt, dass seine Mitmenschen das Gleiche tun (könnten).

DESHALB, EGO-SHOOTER:

**Im Deutschen lügt man,
wenn man höflich ist.**

MACH DEIN DING

Ich steige auf die Zehenspitzen und beuge mich über das Fensterbrett. Heizungsluft steigt in meine Nase. Draußen fiese Graupensuppe. Na Fußball-WM wirds wohl nicht sein, habe ich vor einer Sekunde gedacht und mich vom Bürostuhl erhoben, um nachzusehen, wieso dort unten in der Enggasse gerade ein Hupkonzert gegeben wird. Jetzt sehe ich den knallgrünen Kleinlaster, der mit eingeschalteter Warnblinkanlage und heruntergelassener Laderampe in der schmalen Lieferdurchfahrt steht. Immer mittwochs um diese Zeit bringt er Linzer Torte, Champagnertrüffel, Baiser und unglaublich viele andere Köstlichkeiten in allen Formen und Cremetönen. Die ich dann in der kleinen Confiserie um die Ecke vernasche. Nun kann ich auch die Schallquelle deuten: das fabrikneue Signalhorn eines weißen Cayenne Biturbo V6, der fast genauso groß ist wie der grüne Laster, hinter dem er steht. Die Schirme der um die Edelkarosse zusammengelaufenen Passanten sehen aus wie Beeren an einer Kugel Vanilleeis.

Im Wagen sitzt eine Dame. Sie scheint einen Krampfanfall zu haben. Denn obwohl ihr nicht entgangen sein kann, dass niemand im Laster sitzt, klemmt ihr Arm auf der Hupe. Seit nun fast fünf Minuten. Ich atme auf. An

ihrem Mittelfinger, den sie den Umstehenden gut sicht-
bar entgegenstreckt, erkenne ich, dass sie zumindest
körperlich gesund ist. Als aus dem gegenüberliegenden
Versicherungsgebäude ein Herr im Anzug heranstürmt
und beginnt, auf ihre Windschutzscheibe zu trommeln,
wende ich mich ab und setze mich wieder an meinen
Schreibtisch. Anbrennen kann da unten nichts, denn
schon biegt ein Streifenwagen mit eingeschalteter Sirene
um die Ecke. Und ich kann mich ja auch nicht um alles
kümmern. Sind ja alt genug. Die müssen ihr Ding schon
ohne mich machen.

Willkommen an der Spitze der Bedürfnispyramide.
Egoismus ist eine Befreiungsidee. Der Egoist empfindet
die Befreiung von Zwängen als angenehm, die Gemeinschaft mit den Bedürfnissen anderer ist für ihn kaum
zu ertragen. Er fühlt sich behindert und beengt. Denn
der Egoist will seine Handlungen selbst bestimmen. Die
meist uneingeschränkt den Vorteil des Handelnden zum
Zweck haben. Woran erkennt ihr jemanden, »der sein
Ding macht«? Zum einen am Primat des Ichs: Unabhängig von Ziel, Zweck oder Wirkung der Einstellung
oder Handlung geben Egoisten sich selbst den Vorzug.
Zum Zweiten an der Bewusstheit: Egoismus vollzieht
sich in einer bewussten und gewollten Handlung. Ziel
ist die Selbstverwirklichung, die bei dem ein oder anderen Egoisten möglicherweise auf Transzendenz zielt.
In jedem Fall aber vor sozialen Bedürfnissen rangiert.

Sein Ding machen, das heißt für mich durchziehen. Ohne Rücksicht auf Verluste. Das ist zum Beispiel der Kollege, der in der Begrüßungsrunde sagt: »Aber Dr. Meier, das müssten Sie doch eigentlich besser wissen. Es heißt Ladies first.« Das ist der von unstillbarem Appetit geplagte Rentner, der an der Schlange vorbei an die Theke stürmt und ins Gespräch der Verkäuferin hinein nach Graubrot schreit: »Dick geschnitten!« Das sind all die Rüpeleien, Rempeleien und Skrupellosigkeiten, die alle von morgens bis abends so beklagen. Zu Recht. Natürlich gibt es die. Sie finden statt, rund um die Uhr. Die Welt ist voller Arschgeigen. Sein Ding machen heißt nicht nur einen schlecht behandeln, sondern alle. Und das versteht auch so ziemlich jeder.

Es gibt aber einen wichtigen Unterschied. Den höflichen Menschen kümmert es auch, wenn andere schlecht behandelt werden. Wenn jemand in der Schlange übergangen wird und man selbst schon bezahlt hat. Wenn der Schaffner zusammengefaltet wird, weil der Zug unpünktlich ist. Oder der Kellnerin das Tablett aus der Hand geschlagen wird mit den Worten: »Pass doch auf, du Kuh!«

DESHALB, INFANTERISTEN:

Macht euer Ding.

WIEDER
NIX GELERNT

Die Höflichkeit bildete von Anfang keine Kon-
vention, sondern – gerade als Gegenstand wie-
derkehrender Diskurse – einen Topos der Re-
lativierung, ja der Einsicht in die Kontingenz
aller historischen und aktuellen Umgangs-
formen.

Thomas Macho, *Höflichkeit*

Der Mann beugte sich zu seiner Tochter, die ihm kaum über die Knie reichte, und flüsterte liebevoll: »Na los! Du bist dran.«

Das Mädchen genierte sich.

»Komm schon, sag der Frau, dass du ein Bällchen Erdbeer willst«, sprach er weiter, schon halb an die Dame im Eiswagen gerichtet.

Die Kleine zögerte.

»Los, mach schon, die anderen Leute warten auch!«, ermunterte er sie erneut, als ein Junge an den beiden vorbei zum Tresen trat mit den Worten: »Zweima Schokocookie mit Sahne im Becher!«

Die Verkäuferin zögerte einen Augenblick. Da flog der Junge herum, an der Schulter gepackt und zu Boden gerissen. Der Vater des Mädchens war außer sich: »DAS KIND SOLL WAS LERNEN! UND DU KOMMST AN UND GLAUBST, DEIN DING MACHEN ZU KÖNNEN HIER!«

Die Verkäuferin drückte hastig ein Bällchen Erdbeere ins Hörnchen. Das Mädchen sah ihr schweigend zu. Und griff mit fragendem Blick nach dem Eis, das ihr entgegengestreckt wurde.

Unhöfliche Menschen pfeifen auf Situationsangemessenheit. Sie suchen feste Regeln. »An einer Schlange stellt man sich hinten an.«

Und sie ziehen ihr Ding durch. Selbst wenn das bedeutet, handgreiflich gegenüber Minderjährigen zu werden. Sie brauchen einfache, klare Anweisungen. Mit Empfehlungen oder Richtlinien, die einen gewissen Spielraum enthalten und erst in die Begegnung übersetzt werden müssen, können sie wenig anfangen. Jeder Mensch, auch sie selbst, jede Situation ist mit hoher Wahrscheinlichkeit neu, anders. Aber jede Situation fragt etwas. Sein Ding machen ist zusammengenommen der grobe Verstoß gegen das Grundgesetz von Takt und Stil: Keine protektive Rollenübernahme, sondern Bloßstellen. Keine Selbstbeherrschung, nicht einmal Beherrschung. Sondern einfach Ausbrechen und Losschlagen.

DESHALB, NAHKÄMPFER:

So läuft das am Eiswagen.

KULTUR GUT

Wir Chinesen sind streng«, sagte Xiu-Mei. »Besonders am Tisch. Die Tradition hat die Rollen bei offiziellen Anlässen eindeutig verteilt: Am Ende eines Gastmahls ist es Pflicht des Gastes, das Essen mit großem Enthusiasmus zu feiern, während der Gastgeber – den Tränen nahe – zutiefst die unterirdische Qualität und die noch bescheidenere Zubereitung bedauert. Um anschließend zu erklären, was für einen erbärmlichen Koch er beschäftige, den er natürlich mit sofortiger Wirkung zu feuern gedenke. Es folgt eine Verbeugung, und der Abend findet sein Ende.«

»Da hab ich aber anderes gehört«, erwiderte ich. Ich hatte gerade einen gemeinsamen Bekannten getroffen, der beruflich einige Wochen in China verbracht hat.

»Wenn ich an die Geschichte vom Bauministerialrat in Beijing denke, die Holger mir gestern erzählt hat, scheinen die Chinesen ihre Traditionen langsam zu vergessen.«

»Ach, die hat er mir auch erzählt«, fiel mir Xiu-Mei ins Wort.

Doch so was bringt mich nicht aus der Fassung. Eine gute Story will unabhängig von unbedeutenden Umständen erzählt werden, zum Beispiel ob der Zuhörer sie schon kennt oder nicht. Weshalb ich unbeirrt fortfuhr: »Holger war doch zur Ehrenfeier dieses Bauministerialrates eingeladen. Richtig große Veranstaltung. Aber am Ende gab es eine Erschütterung der Höflichkeit, als seien alle Reissäcke des Landes gleichzeitig umgefallen. Was war passiert?

Nach dem Essen erhob sich der Gastgeber – der Gastgeber – und lobte das eigene Essen über den grünen Tee. Das eigene, wohlgemerkt! Der Ehrengast widersprach vehement, er könne sich nicht erinnern, jemals einen solchen Schlangenfraß vorgesetzt bekommen zu haben. Dieser Schlamm, den man ja wohl nicht Essen nennen könne, spotte wirklich jeder Beschreibung. Was wiederum den Gastgeber veranlasste, das Essen in solch hohen Tönen zu loben, dass es den Anwesenden in den Ohren fiepte. So ging es fünf Minuten hin und her, bis sich der Gastgeber verneigte und der Gast die Verbeugung entgegennahm. Dann gingen alle ihres Weges. Bis auf Holger, der war ein wenig ratlos, nach dem Motto: Von wegen Gesicht wahren. Hauen sich ordentlich was um die Ohren, die Chinesen. Offenes Visier.«

»Ach, ihr Europäer müsst euch nicht so echauffieren«, antwortete Xiu-Mei mit einem Schmunzeln. »Von wegen offenes Visier. Gesicht wahren vom Allerfeinsten war das. Der Koch des Gastgebers war plötzlich erkrankt, und das Festmahl war vom Koch des Ehrengastes zubereitet worden.«

LET'S GET PHYSICAL

*There's nothing left to talk about
'less it's horizontally.*

*Let's get physical, physical,
I wanna get physical.
Let's get into physical.*

Let me hear your body talk.

Olivia Newton John, Physical

In Olivia Newton Johns wenig zweideutigem Hit von 1981 – dem Jahr, in dem ich vom Pferd gefallen bin, meinen ersten Kuss und meine Zahnspange bekam, dem Jahr, in dem Ronald Reagan Präsident der Vereinigten Staaten wurde – geht es um die Kraft der Biochemie. Zu seiner Melodie will ich nun zu den leiblichen Freuden der Höflichkeit kommen.

Dazu habe ich mich intensiv mit Samy Molcho beschäftigt. Denn was hat uns der Picasso der Körpersprache zu sagen? Etwa Husch, Grins, Wink, Grins? Genau! Denn so funktioniert die Körpersprache laut Business-Etikette. Nicht zu viel Husch, aber auch nicht zu wenig Grins. Im Bewerbungsgespräch Füße nicht 20 Grad, aber auch nicht 40 Grad anwinkeln. Denn das signalisiert Dringlichkeit. Oder Paarungsbereitschaft. Oder beides.

Körpersprache ist wie Tarot:

»Sie gehen in ein großes Haus.«

»Yeah! Öhm … Bankhaus? Leihhaus? Leichenhaus?«

Natürlich ist Molchos Philosophie auch wörtlich überliefert: »Was wir sind, sind wir durch unseren Körper. Der Körper ist der Handschuh der Seele, seine Sprache das Wort des Herzens. Jede innere Bewegung, Gefühle, Emotionen, Wünsche drücken sich durch unseren Körper aus.«

Schreibt euch also hinter die Ohren, Novizen der Unhöflichkeit: Der Körper spricht Bände. Das lehrt euch eine sommerliche S-Bahn-Fahrt mit den Berliner Verkehrsbetrieben. Bei 40 Grad im Schatten schreiben die Körper der Reisegesellschaft in weniger als fünf Minuten alle 35 Bände der großen Karl-May-Sammlung, von Winnetous Reiseerzählungen bis zum Land der Skipetaren.

Und weil ich auch auf dem Gebiet der Körpersprache eine Autorität monströsen Kalibers bin, habe ich für euch die wichtigsten Gesten gesammelt und erklärt. Dass es sich dabei um absolut einzigartiges Herrschaftswissen handelt, mit dem ihr euren Chef ab morgen bei jeder Gehaltsverhandlung mit einem Finger um Flipchart und Wasserspender wickelt, muss ich ja wohl nicht extra erwähnen.

DESHALB, SOLDATEN: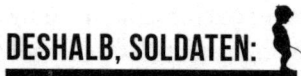

Kopfnuss statt Kopfarbeit.

DIE GROSSE SCHULE DER UNHÖFLICHEN KÖRPERSPRACHE

»FAUSTAUFLEGEN«

Von Alters her werden mit dieser urtümlichen Geste Missverständnisse ausgeräumt. Sie war schon den Ägyptern bekannt. »Salbe deine Knöchel mit Zedernöl und pflanze sie auf das Auge des Gefährten (…) so zahllos wie die Segel auf dem Nil.«

Egal ob Auge, Leber, Nase oder Magengrube, diese Geste macht Eindruck.

»JAWOHL, MEIN HERR«

Bewege den Kopf entschlossen und kraftvoll auf und ab. Wichtig: den Kopf des anderen. Am besten, während du auf ihm kniest. Oft reicht schon ein einfacher Tisch oder ein Tresen. Im Härtefall nutze eine Bordstein- oder Bahnsteigkante.

»BOMBER«

Der rasch zum Gesäß geführte Fuß bewirkt die schnelle und abrupte Richtungsänderung der äußeren wie inneren Bewegung des Gesprächspartners und symbolisiert ein von Herzen beschiedenes »Wir sind unterschiedlicher Auffassung«.

Amerikanische Wissenschaftler vom MIT behaupten in einer aktuellen Ausgabe des *Science Magazine*, dass der Name dieser Geste auf einen deutschen Nationalstürmer der 70er-Jahre zurückgeht. Doch will ich hier keine Halbwahrheiten verbreiten.

»FACEPALM«

Von englisch *face* = »Gesicht« und englisch *palm* = »Handfläche«.

Die auf Stirn und Augen gelegte Handinnenfläche drückt Fassungslosigkeit, Scham, Verlegenheit, Skepsis, Frustration, Ekel oder Unglück, vor allem aber Ärger und »Fremdscham« über die Dummheit oder Ungeschicklichkeit einer Person oder Tat aus.

»ABSCHUSS« ODER »BLATTSCHUSS«

Auch Walther PPK genannt und bekannt aus Kino und TV. Mittel-, Ring- und kleinen Finger der Hand am ausgestreckten Arm einwinkeln. Den Daumen nun rhythmisch abknicken und einen Abzug andeuten, die Hand dabei leicht im Gelenk schütteln, wie vom Rückstoß bewegt. Variation: Kopf schief legen und ein Auge zukneifen. Das signalisiert dem anderen, dass auf ihn angelegt ist. Das Schöne an dieser Geste: Neben der kessen, spielerisch verpackten Morddrohung zeigt der Zeigefinger mit maximaler Wucht auf den anderen.

»PFERDEKUSS«

Auch Hirsch, Eisbein, Frolic, Schenkler, Boandl, Knöck, Rossbiss, Schweinebiss, Eisenbahner, Kaltsteller oder Tschekapuff, bezeichnet umgangssprachlich stumpfe Gewalt gegen den Oberschenkel. Scheinbar zufällig enthält der Name den wertschätzend besetzten Begriff »Kuss«. Dass das allerdings ironisch zu verstehen ist, erkennst du am Gesicht des »Geküssten«, also desjenigen, dem du das Knie in den Oberschenkel rammst wie ein Schwarzwälder Rückegaul.

»KNIEFALL«

Der Kniefall gilt in der unhöflichen Körpersprache als Erwiderung des Pferdekusses und folgt diesem üblicherweise automatisch wie das Danke dem Bitte. Bleibt der erwartete Kniefall des Geküssten aus, verstehe das getrost als Aufruf zum Faustauflegen (siehe oben) und antworte entsprechend.

»LAMA«

Das »Lama« oder auch »Rijkaard« ist in der Ausführung eine relativ simple Geste der Unhöflichkeit. Bevor ich einweise, noch rechtliche Anmerkungen: Spucken in der Öffentlichkeit ist in Deutschland grundsätzlich zulässig. Das Anspucken (oder das starke Anhauchen) allerdings erfüllt den Tatbestand der Beleidigung nach § 185 StGB. Die Frage des Anspuckens von Gegenständen ist rechtlich nicht abschließend geklärt. Weiterhin kann für das Spucken in öffentlichen Zonen, wie zum Beispiel Bahnhöfen, ein Ordnungsgeld auf Grundlage des Hausrechts verlangt werden. Mit diesem Wissen nun Nase einmal aus dem Rachen durchziehen, Lippen spitzen, Feuer, beziehungsweise: Wasser. Wichtig: Im Idealfall ist der Absender besser zu Fuß als der Empfänger. Solltest du langsamer laufen als die Zielperson, stelle dich auf eine längere Konversation unter Zuhilfenahme weiterer Gesten der unhöflichen Körpersprache ein.

»AUGENROLLER«

Die Königsübung der unhöflichen Körpersprache, die dich begleiten sollte wie Queen Elizabeth die Handtasche. Es gibt keine festen Regeln, deine Persönlichkeit ist gefragt. Wichtig nur, deinem Gegenüber maximales Desinteresse und Abneigung zu signalisieren. Improvi-

siere, lebe dich aus, werde kreativ. Probiere den Augen-
roller einfach so oft wie möglich und kultiviere deinen
eigenen Stil.

VIELE NARREN
GIBTS IM KARNEVAL

In der Demokratie sind alle Menschen gleich. Und
ich sags Ihnen, wies is, ich bin ein entschiedener
Demokrat. Weil mir sind wirklich alle Menschen
gleich.

Gerhard Polt

Tusch. Bumm. Schuss aus der Konfettikanone. Willkommen zum Maskenball. Denn die Unhöflichkeit
liebt Verkleidungen. Sie will alle haben. Jede einzelne.
Greifreflex wie bei Neugeborenen – kaum sieht sie eine,
will sie dran ziehen. Will sie herunterreißen. Ich will
euch nun lehren, wie auch ihr das schafft. An einem besonders schönen Beispiel. Meine Kollegen Jürgen Roth
und Stefan Gärtner haben ein Buch über die Höflichkeit
geschrieben, es trägt den anspruchsvollen Titel *Benehmt*
Euch!. Und es ist ein anspruchsvolles Buch. Ein Buch,
das viel verlangt. Schon der Titel sagt von wem: von
anderen.

»Mann, Knigge. Wat nu, komm zum Punkt. Was faselst
du von anderen Benimm-Autoren?«

Ihr habt schon viel gelernt, meine Eleven der Unhöflichkeit und der Ungeduld. Kurz: Ich will euch zeigen, wie das mit den Masken funktioniert. Deshalb werde ich jetzt selbst mit schlechtem Beispiel vorangehen und den Kollegen stellvertretend für so viele meines Fachs eine Maske abnehmen: die Maske des Interesses am besseren Miteinander. Ich habe die Schrift von Roth und Gärtner einfach mal übersetzt. Ins Teutsche. Wie Luther auf der Wartburg sellmals. Bibel für Dummies, quasi. Ich habe aufgeschrieben, was Gärtner und Roth wirklich meinen. Aber lest selbst.

ORIGINAL: »Seit Jahren wird es immer schlimmer – Krach, Krach, Krach, praktisch rund um die Uhr, und zwar nicht nur an Autobahnen und in Einflugschneisen, sondern überall: im Wohngebiet, beim Einkaufen, in der U-Bahn, wo immer man sich aufhält oder sich aufzuhalten gezwungen ist.«
MASKE RUNTER: »Ich bin keine 18 mehr. Ich gehe stramm auf die 50 zu und bin entsprechend eingeschränkt zu Fuß. Wenn ich die Straße überquere, um am Büdchen Bier zu holen, hupen die Autos. Neulich ist mir vor lauter Schreck eine Flasche aus der Hand gefallen.«

ORIGINAL: »Denn der moderne Mensch hält es nicht aus mit sich selbst, und leise kann er auch nicht. Hat er nie gelernt. Sie nennen es: Party machen und Spaß haben.«

MASKE RUNTER: »Ich bin keine 18 mehr. Ich gehe stramm auf die 50 zu. Die Ereignisse in meinem Freundeskreis sind zunehmend medizinischer Natur. Ich werde seltener zu Partys eingeladen.«

ORIGINAL: »Die Verrottung aller Lebensumstände, sie schreitet unaufhaltsam voran (unsere Beispiele aus der Empirie, nebenbei, sind beliebig und ad infinitum vermehrbar).«

MASKE RUNTER: »Beim Aufstehen habe ich mir am Bettpfosten den Zeh gestoßen. Und zwar volle Kanone Melone. Beim Bäcker ist mir auch noch so ein Depp mit Cowboystiefeln draufgestiegen. Und am Büdchen bin ich in Hundescheiße getreten. Das war der Köter von der Schlawuppke, das Drecksvieh.«

ORIGINAL: »Der heutige, steil aufstrebende, sich final optimierende Mensch betet die auf Festplatten angehäuften Informationsmüllberge an und ist dumm wie Bohnenkraut. Dass Denken Zeit verlangt, Pausen, Ruhe, Muße, ›Negativität‹, davon hört er nichts mehr läuten.«

MASKE RUNTER: »Kann keine Handyfotos überspielen. Platte ist voll. Müsste mal ein paar Videos löschen. Mache ich morgen. Will noch zum Büdchen.«

ORIGINAL: »Die Universitäten sind Bevormundungs-, Betreuungs- und Bestrafungsanstalten geworden.«

MASKE RUNTER: »Ich habe eine Knolle gekriegt. Weil ich am Schnitzel-Freitag vor der Mensa auf dem Behindertenparkplatz geparkt habe. Polizeistaat! Wehret den Anfängen!!!«

ORIGINAL: »Die Unerträglichkeit namens öffentliches Leben, das nur mehr ›Gesellschaftswiderwillen‹ (Peter Handke) auslöst: es ist der permanente monadenhafte, egozentrische Aufruhr, der sinn- wie ziellose Krawall, das unentwegte Affekt- und Affektiergehabe. Jürgen Kaube erkennt darin – bei aller Gleichförmigkeit solcher Aufspreizungen, bei aller Homogenität solcher ›Selbstverwirklichungs‹-Hampeleien, die nichts mit fröhlicher Pluralität gemein haben – das ›Recht zur Normalabweichung‹.«

MASKE RUNTER: »Früher kannte ich die Songs, die am Büdchen liefen. Außerdem hat jemand die Luft aus meinem Liegerad gelassen. Das finden die wohl witzig. Das war die Schlawuppke. Na warte!«

ORIGINAL: »Das Ich hat Vorfahrt, wo immer es passt, und es passt, vom Ich aus betrachtet, ständig; weshalb auch das weltberühmte Sozialwesen Frau bloß halbtraurig-kuhhaft glotzt und weiterbrummt, wenn der courtoise Fahrzeuglenker per Handbewegung eine knifflige Vorfahrtsituation zu seinen Ungunsten auflöst, wie sich beobachtbar drei Fünftel aller Verkehrsteilnehmer um derlei Freundlichkeit nicht mehr scheren, sondern noch das Sonderrecht, das man ihnen gewährt, so selbstverständlich in Anspruch nehmen, als kennten sie die Regeln nicht«.

MASKE RUNTER: »Sorry. Ich habe nicht die geringste Ahnung, was das bedeuten könnte. Schreibt mir, bin für Hinweise dankbar. Vermute, es geht um alterthymliche Konjunktive.«

ORIGINAL: »Marktverdrängungsprozeduren substituieren die distanzierte, gegenstands- und methodenorientierte Reflexion.«

MASKE RUNTER: »Penny hat meinen geliebten Blaubeerjoghurt ausgelistet. Ich bin völlig verzweifelt.«

ORIGINAL: »Den alternativlos, horriblen Alltag irgendwie zu überstehen, dazu dient der ewig gleiche Matsch und Brei aus Magazinen, Servicebrocken, Soaps, Talks, aus ›Nullereignissen‹, die immerzu ›Un-Bedeutung‹ generieren, und zwar als ›Vernichtung des Bedeuteten bei gleichzeitiger Aufwertung des Bedeutenden‹.«

MASKE RUNTER: »Ein Uhr nachts. Was glotzt denn die Schlawuppke da noch. Wahrscheinlich wie üblich nur im Negligé. Man sieht ja überhaupt nichts, wenn die den Vorhang vorzieht. Da wird doch der Hund in der Pfanne verrückt.«

Ach, ich könnte stundenlang so weitermachen. Es ist ein diebisches Vergnügen, andere bloßzustellen. Ihnen ihre Maske zu stehlen. Und dabei so einfach! Wie Reifen platt stechen oder Mülleimer anzünden. Alles, was man dazu braucht, sind Schraubenzieher, Feuerzeug und ein wenig Freude an der Zerstörung. Wirklich schwer ist eigentlich nur, es zu lassen.

DESHALB, DROHNENLENKER:

Ballert die Neandertaler aus sicherer Entfernung zurück in die Steinzeit.

PLASTINATE

Bei den Herren Jürgen Roth und Stefan Gärtner beschleicht einen der Verdacht, dass sie ihre Mitmenschen aus den Augen verloren haben. Vor lauter Kopfstarrkrampf wünscht man ihnen, der flächendeckend diagnostizierten »moralverzehrenden Enthemmungstendenz« doch einfach einmal in der nächsten Eckkneipe nachzuspüren. Auf dass sie jemand in den Arm nehme und lieb halte. Ideologisch erscheinen sie mir wie Watson und Obelix. Sidekicks, Stichwortgeber ihrer 68er-Helden. Schleich-Figuren. Plastinate wie von Gunther von Hagens' Hand. Was sie vermutlich bestreiten würden: in Sachen Menschenverachtung können sie es spielend mit Utz Claassen aufnehmen.

Was eint Bonze und Bürgerschreck von vorvorgestern? Der Glaube an das Recht einer Elite. Ihr Recht. Was sie unterscheidet? Teure Klamotten hier – billige Klamotten dort. Sonst nichts. Ihr seht, Novizen der Unhöflichkeit, Masken abnehmen ist wie Pflaster abreißen. Unangenehm. Aber es muss ja Luft an die Wunde. Kritik ist kein Geschenk. Sie ist ein Krampf. Ein Elend. Aber ohne gehts halt auch irgendwie nicht. Das bessere Miteinander ist ein Ideal. Und wird ein Ideal bleiben.

SCHWARZE LISTE

Die Waffe des Bekämpfers ist die Moral. Die Entwertung der anderen. Wie auch ihr sie nutzen könnt? Ganz einfach, für den Anfang habe ich euch eine kleine Auswahl vorbereitet. Zimmert euch nach und nach eigene Schubladen, in die ihr andere stecken könnt. Und so einfach gehts. Aufgepasst:

»Du Körnerfresser machst anderen ihren Schweinebraten madig. Du Fleischfresser hast keinen Respekt vor dem Leben. Du Kettenraucher bringst alle um mit deiner Schloterei. Du Komasäufer brichst deinen Eltern das Herz. Du Langzeitstudent pennst aus, während wir für deine Rente arbeiten. Du fettes Schwein liegst der Krankenkasse auf der Tasche. Du Meilenmillionär fliegst für Kleingeld das Klima kaputt. Du Kinderschreck rufst die Polizei, wenn Kinder lachen. Du Kampflesbe kriegst doch nur keinen ab. Du Schwuchtel machst die Ehe kaputt. Du Steuersünder schimpfst auf Uli Hoeneß. Du Facebook-Farmer hast gar keine Freunde. Du Falschparker zwingst Mutter mit Kind in den Gegenverkehr.

Du Zahnarztgattin liegst mittags um zwölf noch immer unter dem Briefträger, du Problemkind störst die ganze Klasse, du Blockwart terrorisierst die ganze Nach-

barschaft, du Schrebergärtner flüchtest in deine Schein-
welt, du Vereinsmeier hast doch sonst niemanden, du
It-Girl bist reicher, als du dumm bist, du Mager-Model
zerstörst das Körpergefühl unserer Kinder, du Musical-
Fan hörst wirklich jeden Scheiß, du PS-Profi bremst für
niemanden, du Kampfhundbesitzer machst die Spielplät-
ze unsicher, du Funktionsklamottenträger kraxelst auf
den Prenzlauer Berg wie andere auf den Nanga Parbat,
du Sitzplatzschwein machst unseren Fußball kaputt, du
Helikopter-Mum erziehst unsere Jungs zu Weicheiern,
du Yoga-Schnepfe machst dich zum Hund, Baum und
Affen, du Marathonläufer rennst vor dir selbst davon,
du Landei hast nix von der Welt gesehen, du Silver Ager
stellst die Alterspyramide auf den Kopf, du Alzheimer-
Patient – ach vergiss es.

Du Talkshow-Insasse durchdringst jedes Thema bis
an die Oberfläche, du Schulden-Grieche bist doch gar
kein Europäer, du Sozialtourist tauschst Heimat gegen
Kohle, du Lügenpresse drehst allen das Wort im Mund
herum, du Karnevalsprinz hast nur einmal im Jahr was
zu lachen, du Heuschrecke frisst unsere Altersvorsorge
auf, du Russlandversteher denkst doch nur an billiges
Erdgas, du Gutmensch bist zu feige, der Wahrheit ins
Auge zu sehen, du Konsumopfer kriegst den Hals nicht
voll, du Besserverdiener kriegst den Hals nicht voll, du
Börsenguru kriegst den Hals nicht voll, du UFO-Zeuge
hast doch nicht mehr alle Tassen im Schrank, du De-

pressiver verdirbst uns die gute Laune, du Obdachloser verschandelst das Stadtbild, du Analphabet versaust uns den PISA-Schnitt.«

Glaubt mir, da ist wirklich für jeden eine Schublade dabei.

NATÜRLICH KREATÜRLICH

Wer bekämpft die Höflichkeit? Die Träumer. Die Ideologen, die Revolutionäre. Die Kritiker. Die Romantiker. Kurz alle, die Sein und Sollen auseinanderhalten wollen.

Sie bekämpfen die Höflichkeit, indem sie Kultur verteufeln, sich ungeschminkt zeigen und Rohheit zur Tugend machen.

Sie bekämpfen die Höflichkeit, indem sie den anderen die Maske runterreißen. Vor die Wahl einer richtigen und falschen Seite stellen.

Sie bekämpfen die Höflichkeit, indem sie ihr Ding machen. Konventionen brechen. Die Ordnung angreifen. Aus allen Zwängen fliehen. Verachten, wer sich anpasst und Kompromisse macht.

DESHALB, FRONTSCHWEINE:

Ihr wart in New York. Ihr wart auf Hawaii. Ihr seid durch San Francisco gegangen in zerrissenen Jeans. Und selbst durch die Institutionen seid ihr marschiert in Turnschuhen.

Geblieben aber seid ihr, was ihr immer wart. Rohlinge.

»Noch niemand hat so viel Geist leuchten lassen wie Sie in dem Bestreben, uns wieder zu Bestien zu machen, und man bekommt ordentlich Lust, auf allen vieren zu gehen, wenn man Ihr Werk liest.«

(Aus einem Brief von Voltaire an Rousseau)

BEWACHEN

Über die Kerkermeister der Höflichkeit

Ein Schnupfen hockt auf der Terrasse,
auf dass er sich ein Opfer fasse

– und stürzt alsbald mit großem Grimm
auf einen Menschen namens Schrimm.

Paul Schrimm erwidert prompt: »Pitschü!«
und hat ihn drauf bis Montag früh.

Indes am Jägerzaun verzagt
das ›Komitee für Umgang‹ klagt:

»Pitschü? Ach Gott, Herr Schrimm! Man sagt
doch ›Tschuldigung‹ jetzt – ungefragt!«

So gut wie alles falsch gemacht habe er, schreibt Adolph Freiherr Knigge zu Beginn seines berühmten Buches *Über den Umgang mit Menschen*. Ein Buch für alle Menschen wolle er schreiben. Literatur für alte Hofhasen und junge Hofkarnickel gab es ausreichend. Die Kunst, echte und rhetorische Klinge mit Bravour und Eleganz zu schwingen, war auf ihrem Höhepunkt. Und wenn dann der Baron von X mit der Gräfin von Y nach dem Fasan zu Mittag ein Ründchen im Park flanieren wollte, konnte sich die Anbahnung schnell bis zum abendlichen Hirschragout hinziehen:

»Ich bin nur ein Wurm unter Eurer Fußsohle, meine Dame. Ach wie würde ich Euch von ganzem Herzen meine Gesellschaft an das Ihre legen, wenn ich doch nur wüsste, dass das Euch nicht nur genehm wäre, sondern Euch ein groß Wohlgefallen bereitete.«

»Mehr als das, mehr als das, verehrter Herr, es wäre mir eine größere Ehre, als ich jemals – bei noch so großer Anstrengung – selbst wert sein könnte. Selbst in tausend Jahren nicht. Alleine der Gedanke, auch nur einen Windhauch lang mich in Gesellschaft eines Mannes bewegen zu dürfen, der ohne Zweifel das Antlitz vollkommener Tugend sein Eigen nennen darf, erfüllt mich mit tiefer Freude und Demut.«

Der adlige Müßiggang hatte Kultur und Snobismus auf ein unerhörtes Niveau geschraubt, während das Volk hungerte und die Guillotine ölte. Es mussten Köpfe rollen, um den Kopf frei zu bekommen: Freiheit, Gleichheit, Brüderlichkeit! Die Menschen holten sich das Stück vom Kuchen, das ihnen Marie-Antoinette in Ermangelung von Brot empfohlen hatte.

Adolph Freiherr Knigge war bereits als Junge Vollwaise und wurde von einem bürgerlichen Lehrer erzogen. Daher auch die aufklärerischen und moralphilosophischen Flausen und sein von Begegnung geprägtes Menschenbild. Als begeisterter Anhänger der französischen Revolution und »adliger Nestbeschmutzer«, wie ihn einer meiner Großonkel einmal nannte, wollte Adolph die Kunst des Umgangs mit Menschen *allen* Menschen näherbringen. Darin sehe ich seine Lebensleistung. Er ist der Fluchthelfer, der die Höflichkeit in unseren Landen aus dem goldenen Käfig gelassen hat – unter echte Menschen. Sie hat die parfümgeschwängerten Märchenschlösser durchgelüftet, damit das bunte Miteinander Einzug halte. Wie aufregend. Plötzlich sitzt das pralle Leben mit am Tisch. Mahlzeit!

Doch halt – was, wenn Bananen gereicht werden? Franziska von Au weiß Rat. In *Der neue Knigge* schreibt sie:

»Bananen werden am unteren Ende der Frucht ge-öffnet, also nicht am Stiel. Man knickt das Ende mit den Fingern um, damit sich die Schale öffnet. Dann wird die Frucht zunächst bis etwa zur Hälfte abgeschält. Die untere Hälfte verbleibt zunächst in der Schale, bis das bereits freigelegte Stück verspeist ist. Dann wird weiter-geschält und der Rest aufgegessen.«

Aha. Woher sie das weiß? Möglicherweise hatte sie King Kong zu Gast und hat es sich abgeschaut. Was das mit welchem Knigge zu tun hat? Keinen blassen Schimmer. Ich weiß nur, dass es echt spezialbesonders ist, sich mit der Regelkunde protokollarisch korrekten Verspachtelns von Importobst zu beschäftigen. Und dass mein Familienname wie von der Autokorrektur ergänzt unter jedem noch so abstrusen Schnipsel Unsinn steht, den die Gralshüter vom Regel-Jägerzaun anderen so auf die To-do-Liste schreiben. Deshalb, hier und heute, ein für alle Mal, Hefte raus – 25 Mal in Schönschrift: *Adolph Freiherr Knigge war kein »Benimmpapst«, son-dern glaubte an die Vernunftbegabung jedes Einzelnen.*

Fertig? Glaube ich nicht. Herzeigen. Fingernägel sind nicht sauber. Nachbessern. Na gut. Ich hoffe, das ist an-gekommen. Adolph Freiherr Knigge glaubte an die Ver-nunftbegabung der Menschen. Dass sie von dieser nicht 24/7 Gebrauch machten, das war ihm bewusst. Dass man für die Kunst des Umgangs mehr braucht als Regeln wiederkäuen ebenso. Er traute den Menschen zu, dass sie sich die Mühe machen würden, ihren Kopf und ihr Herz einzuschalten. Der Komplexität des menschlichen Daseins begegnet man nicht, indem man sie auf Regeln reduziert, sondern indem man ihr mit heiterer Stirne begegnet, jeden Tag, in jeder Situation, jedem Menschen und jeder Banane aufs Neue.

DESHALB, REGELKUNDLER UND REGELKUNDIGE:

**Kopf aus, Herz raus, Regelheft auf.
Wichtig: Beim Essen von Bananen
Blickkontakt suchen.**

DIE HAUSORDNUNG DER HOGWARTS-SCHULE
FÜR ZAUBEREI UND HEXEREI

1. Als Haustiere sind nur Eulen, Kröten, Ratten und Katzen gestattet.

2. Schüler haben Lehrern und Geistern mit höchstem Respekt zu begegnen.

3. Quidditchspieler müssen ihren eigenen Besen kaufen.

4. Schülern der ersten Klasse ist es nicht erlaubt, einen Besen zu besitzen.

5. Es ist verboten, den Wald zu betreten.

6. Das Zaubererdorf Hogsmeade darf nur an den dafür vorgesehenen Wochenenden von Schülern ab der dritten Klasse betreten werden.

7. Die Schlafräume des anderen Geschlechts dürfen nicht betreten werden.

8. Eulen müssen in der Eulerei untergebracht werden.

9. Es ist verboten, in den Korridoren zu zaubern.

10. Kristallkugeln mit Muggelfernsehempfang, magische Schneebälle mit Zielfunktion, selbstbrauende Kessel, Miniaturklatschen, fangzähnige Frisbees, beißende Teetassen, würgende Fanschals, lehrerverfolgende Megafone, flotte Schreibefedern, bissige Bumerangs und jaulende Jo-Jos sind nicht erlaubt.

AM JÄGERZAUN

Der Rasen so sauber geschoren wie die Haare, die Fahne knattert im Wind. Die Welt ist eine große Schrebergartenkolonie. Und wie in jedem ordentlichen Schrebergarten gibt es zwei Seiten: hinterm Jägerzaun – vor dem Jägerzaun. Meine und die andere. Drinnen und draußen. In control, out of control. Das Leben hinterm Jägerzaun gehört mir. Hier ist alles klar. Keine Fragen offen. Keine zwei Meinungen. »Das macht man nicht. Warum? Weil ich es sage. Darum. Jetzt seid still, eure Fragen sind anstrengend. Hinter meinem Jägerzaun herrscht Ruhe. Störenfriede kriegen eine mit dem Paddel drüber. Wer nicht hören will, muss fühlen. Seid froh, dass ich mir die Mühe mache, für Ordnung zu sorgen! Ein wenig Dankbarkeit wäre eher angebracht. Dank und Respekt. Jawohl. Oder glaubt ihr, mir macht das Spaß?«

In seinem berühmten Buch *Vom Umgang mit Menschen* schreibt Adolph Freiherr Knigge nur einen Satz über Regeln. Zugegeben, der ist zwei Seiten lang und enthält eine Auswahl zu seiner Zeit gängiger Umgangsformen. Zum Beispiel, dass man den Hut nicht zur Seite lüpfe, um ihn dem Nachbarn nicht ins Gesicht zu schlagen oder sein eigenes zu verbergen. Kniggesches Vermummungsverbot. Auch, dass abgeleckte Löffel ebenso wenig auf dem Tischtuch verloren haben wie der Hintern im Gesicht des Sitznachbarn im Theater. Okay. Kann ich so weit mitgehen.

Doch wie hat er diese Regeln genannt? »Kleine Dinge«. Obwohl sie klein seien, solle man sich bewusst machen, dass unsere »zeitliche Wohlfahrt« oft von Menschen abhänge, denen kleine Dinge sehr wichtig seien. Wer weiß, dass man Kartoffeln nicht mit dem Messer schneidet, gewinnt an Freiheit. Wer die Etikette-Schwächen von Einkaufsleiter Dr. Horstkotte kennt, hat die Wahl, ihn über den Löffel zu balbieren oder über die Klinge springen zu lassen.

Gute 230 Jahre nach dem Buch des alten Knigge haben sich die kleinen Dinge mächtig ausgewachsen. Bücherregale biegen sich unter Benimmratgebern voller kleiner Dinge und lustiger Menschen, die lehren, von wem und was unsere zeitliche Wohlfahrt alles so abhänge. Und auch das Internet weiß Rat für alle Lebenslagen. Ich habe es gefragt, wie ich den Papst zu begrüßen hätte, hätte dieser die Grille, mich auf Château Knigge zu beehren. Und wurde nicht enttäuscht:

»Die protokollarisch und nach den gewöhnlichen Höflichkeitsregeln korrekte Anrede ist ›Euer Heiligkeit‹ oder ›Heiligkeit‹. Z.B. sagst Du: ›Guten Morgen, Euer Heiligkeit!‹ Und etwas später vielleicht: ›Wie gefällt Ihnen Ihr Zimmer, Heiligkeit?‹ – das mal nur als Beispiel. Wenn Du Katholik bist, kannst Du den Papst alternativ mit ›Heiliger Vater‹ ansprechen. Diese Anrede ist protokollarisch falsch, aber innerhalb des katholischen Raumes erlaubt. Die Anrede ›Heiligkeit‹ gilt übrigens auch für den Dalai Lama und den koptischen Papst. Die Patriarchen der Ostkirchen werden mit ›Euer Seligkeit‹ angesprochen.

Die korrekte Anrede steht jeder Person zu, ganz gleich, ob man den Ansichten, die sie hat, zustimmt oder nicht. Es ist ungezogen, den Papst mit ›Herr Franziskus‹ anzureden und zeugt von ganz schlechter Kinderstube, wenig Bildung und wenig Anstand. Man muss den Papst nicht mögen, er hat aber einen öffentlichen Rang, und deshalb steht ihm die angemessene Anrede zu.«

DESHALB, BENIMMPÄPSTE:

Auch dieses Jahr ist wieder Schicksalsjahr einer Kaiserin. Klempnert weiter an eurer Sissi-Welt. Lehrt und lernt, was ihr beim Wiener Opernball wissen müsst und beim Captain's Dinner. Und im 8-Sterne-Restaurant mit 16-Sterne-General. Oder wie lange und wie oft ihr dem Papst im frohen neuen Jahr Gesundheit wünschen dürft. Meidet aber Menschen. Denn ihr könntet sie mit eurem Wissen zu Tode langweilen.

143

VOLLWERTIG ESSEN UND TRINKEN NACH DEN 10 REGELN DER DEUTSCHEN GESELLSCHAFT FÜR ERNÄHRUNG

1. Die Lebensmittelvielfalt genießen
2. Reichlich Getreideprodukte sowie Kartoffeln
3. Gemüse und Obst – Nimm »5 am Tag«
4. Eier in Maßen
5. Wenig Fett und fettreiche Lebensmittel
6. Zucker und Salz in Maßen
7. Reichlich Flüssigkeit
8. Schonend zubereiten
9. Sich Zeit nehmen und genießen
10. Auf das Gewicht achten und in Bewegung bleiben

BETANZT

Im hell erleuchteten Festsaal drehten sich die oberen 250 der Stadt zum langsamen Walzer. Ich hatte vorerst genug getanzt, weshalb ich in den Garten ging und die Tür hinter mir zuzog. Ein wenig Ruhe, wenigstens eine Zigarettenlänge. Ich nahm einen tiefen Zug und blies den Rauch in die Nacht. Plötzlich wurde die Tür aufgerissen. In der Tür der erzürnte – nicht mehr ganz so junge – Gastgeber:

»Moritz, kannst du mir mal sagen, was du hier machst?«

»Äh, rauchen?«

»Ja das sehe ich. Du kommst sofort wieder rein.«

»Sofort?«

»Sofort. Drinnen warten Damen, die betanzt werden wollen!«

Bis heute berührt mich dieses Wort auf unangenehme Weise. »Betanzt«. Gerade eben habe ich es halblaut vor mich hingesagt. Ich kann mir nicht helfen, es klingt obszön, es raubt etwas Schönem die Sinnlichkeit. Es kaschiert mangelndes Taktgefühl mit lautem Appell. Feuerwehrleute besteigen Drehleitern. Aber Herren betanzen keine Damen, nicht einmal Männer Frauen. Hier ist etwas aus dem Takt geraten. Die Höflichkeit hat ein so angenehmes Wesen. Wenn sie frei ist. Dann ist sie so aufmerksam, so an- wie demütig, ja richtiggehend lässig. Wenn man die Höflichkeit jedoch einsperrt, dann verliert sie ihre Schönheit und kann einem ganz schön auf die Nerven gehen. Sie beschäftigt sich nur mit unwesentlichem Kram, fürchtet sich vor echten Menschen, wird übergriffig und verächtlich, weil sie sich im echten Leben nicht mehr zurechtfindet. Sie klammert sich ganz fest an kleinliche Regeln, wirkt geistlos und abwesend und langweilt schlussendlich sich und alle anderen zu Tode.

10 REGELN FÜR DEN WAHREN IMKER

1. Verfüttere nie fremden Honig oder Pollen!

2. Lasse auffällige Brut unbedingt von einem Gesund-heitsobmann oder Amtstierarzt untersuchen!

3. Entnimm mindestens einmal im Jahr vorsorglich eine Futterkranzrobe zur Untersuchung auf AFB-Sporen. Vorbeugen ist besser als nachbeugen!

4. Verwende keine Pollenersatzstoffe!

5. Fördere die Bienengesundheit und löse schwache Völker rechtzeitig auf!

6. Verwende nur zugelassene Medikamente, trage diese in dein Bestandsbuch ein und bewahre dieses min-destens fünf Jahre auf!

7. Halte Wabenhygiene!

8. Verschließe deine leeren Beuten bienendicht!

9. Erneuere kontinuierlich mindestens 40 % des Baus pro Volk – besonders im Brutraum!

10. Sorge für genügend Futter und pollenreiche Tracht! Ein hungerndes Volk ist eines Imkers nicht würdig!

LEIDER VERBOTEN

Das Schloss lag mitten in einem großen Park, und rund um den Park war eine hohe Mauer. Sie war von herrlichen Rosen überwuchert, aber es blieb doch eine Mauer, und man konnte nicht sehen, was draußen war. Natürlich gab es ein großes prächtiges Portal in der Mauer, die jedes Mal geöffnet und wieder geschlossen wurden, wenn der König in seiner goldenen Kutsche mit den sechs weißen Pferden davor ausfuhr. Aber am Portal hielten immer die Soldaten des Königs Wache. Deshalb mochte Lise-Lotta nicht dorthin gehen, denn sie war ein bisschen schüchtern.

Astrid Lindgren,
Die Prinzessin, die nicht spielen wollte

Beim Fernsehen ist es anders. Die Wächter sprechen die Menschen an, ob sie nicht hineinwollen. Und das wollen viele. Dabei kann Fernsehen echt ganz schön gemein sein: Es erzählt dem Justin und der Denise, dass sie heute voll den krassen Luxustag erleben. So mit Übernachtung im edlen Hotel, Shoppen in den angesagtesten Boutiquen und Essen im Sterne-Restaurant. Mit eigenem Fahrer, Butler und ganz vielen anderen Menschen, die sich nur um sie kümmern. Von den anderen sagt man ihnen nichts. Die heißen nicht immer Franziska oder Alexander mit Vornamen, aber verdammt oft. Sie sind Benimmexperten, Tanzlehrer oder Stilberater. Der Franziska und dem Alexander sagt man, dass sie die Gelegenheit haben, aus Denise eine Prinzessin und aus Justin einen Prinzen zu machen, weil sie Dinge wissen, die das angehende königliche Paar »J+D« noch nicht weiß.

Was Franziska und Alexander jedoch noch nicht verstanden haben: Auch sie sind Teil der Nummer. Warum nur zwei vorführen, wenn man gleich vier vorführen kann? Die einen als Bauern bloßstellen und die anderen als Spießer. Haha. Fernsehen macht vielleicht blöd, ist aber ganz schön schlau. Weil es immer so tut, als hätte es mit dem, was in ihm passiert, nichts zu tun. Als sei es ein neutraler Beobachter, der rein zufällig mit seiner Video-kamera vorbeigekommen ist. Alles voll authentisch. Emotionalisierung durch Musik? Close-up auf ratlose Gesichter und zitternde Hände? Schneidend-ironische Stimme aus dem Off? »Okay, das ist der Zuckerguss, zugegeben. Aber alles andere ist real. For real!« Sicher. Schnitt.

Justin und Denise sollen also schonend auf ihren Abend im Sterne-Restaurant vorbereitet werden, daher findet die Generalprobe in einem Biergarten statt. Tellergerichte und Besteck gibt es hier auch. Und Franziska und Alexander und das gesamte Fernsehteam. Alles total ungezwungen.

»Die Serviette gehört normalerweise auf den Schoß, Justin.«

»Die Gabel geht zum Mund, nicht der Mund zur Gabel, Denise.«

»Man *kann* auch Stücke von seinem Schnitzel schneiden, die in den Mund passen.«

»Die Hand gehört nicht in den Schoß, sondern auf den Tisch.«

Denise und Justin sind gerädert. Sie haben aufgegessen. Als sich die Kellnerin nähert, um abzuräumen, nimmt Justin sein Besteck (»Schön zusammengelegt, beide. Das signalisiert der Kellnerin, dass sie nun abräumen kann.«), legt es auf Denises Teller, schiebt seinen Teller unter den ihrigen in Richtung Kellnerin.

Alexander und Franziska ziehen die Augenbrauen hoch, gucken einander schulterzuckend an und lächeln dann verlegen-überlegen Justin zu: »Sehr aufmerksam, Justin, die Teller zusammenzustellen. Nett gemeint. Aber leider verboten.«

Abends sitzen Justin und Denise bei Burger King, essen mit den Fingern und lassen den Tag Revue passieren:

»Mit Benimm kennen die sich aus«, sagt Justin.

»Aber null Respekt«, ergänzt Denise.

DESHALB, GRALSHÜTER:

Zeigt Justin und Denise ihren Platz
in eurer Welt der kleinen Dinge.
Ihr seid die, von denen ihre zeitliche Wohlfahrt abhängt. Lächelt.
Unmissverständlich.

10 REGELN FÜR DEN PERFEKTEN HANDSCHLAG

1. Halte deine Hände sauber und trocken.
2. Schaue dem anderen freundlich in die Augen, ohne ihn anzustarren.
3. Halte körperlichen Abstand (entsprechend der Länge von der Schulter bis zu den Fingerspitzen).
4. Gib die rechte Hand.
5. Die linke Hand gehört nicht in die Hosentasche.
6. Die Hände sollten sich auf halber Höhe treffen.
7. Schüttle die Hand drei Mal, maximal drei Sekunden.
8. Berühre den anderen nicht zusätzlich.
9. Legen dem anderen keinen toten Fisch in die Hand.
10. Zerquetsche dem anderen nicht die Hand.

GEGENAUFKLÄRUNG

Menschen scheinen Regeln zu lieben, sie scheinen geradezu süchtig nach ihnen zu sein. Warum? Weil alles immer absurd komplex und so was von elend anstrengend ist. Und kaum hat man sich verhalten, sieht alles schon wieder völlig anders aus. Das ist doch zum Mäusemelken. Kann nicht mal irgendjemand sagen, was nun zu tun ist? Seit der Aufklärung gehen wir stillschweigend davon aus, dass Menschen gerne genau darüber nachdenken. Doch das ist Quatsch. Ich denke meist überhaupt nicht gerne nach. Schon gar nicht über mich selbst. Aufklärung, das sei der Ausgang des Menschen aus seiner selbst verschuldeten Unmündigkeit, sagt Kant. Dieser Ausgang – selbst verschuldet hin oder her – macht Mühe. Ist doch ganz gemütlich, diese Unmündigkeit.

Die Menschen interessieren sich für etwas ganz anderes. Was sie interessiert, ist die Einteilung der Welt in das Gute und das Böse, in das Richtige und das Falsche. Ihr Interesse gilt Lord Voldemort und Harry Potter, Luke Skywalker und Darth Vader, Holly Martins und Harry Lime, Frodo und Sauron, Aschenputtel und der bösen Stiefmutter. In diesen Welten erkennt man das Gute und das Böse unmittelbar, die Spreu lässt sich schnell vom Weizen trennen. Das Böse ist hässlich und entstellt, das Gute ist hübsch und rein, das Böse ist hinterhältig, das Gute spielt mit offenen Karten, das Gute wird vom Bösen versucht, das Böse ist die Versuchung selbst, das Gute wirft Schatten, das Böse ist der Schatten. Orks sehen so aus, wie sie heißen, Elfen sind die Reinheit selbst. Schuld und Unschuld sind offensichtlich. Es gibt keine Brüche. Die Guten ins Töpfchen, die Schlechten ins Kröpfchen. Eins, zwei oder drei, du musst dich entscheiden, zwei Felder sind frei. Michael Schanze sagt dir, ob du wirklich richtig stehst. Regeln geben Sicherheit, auf der richtigen Seite zu stehen, sich hinter einer objektiven Wahrheit zu verstecken und andere daran zu messen. Mittels Regeln kann ich mich selbst aus jeder beliebigen Gleichung kürzen und den anderen unter Zugzwang bringen: »Nicht dass wir uns falsch verstehen, mir ist das völlig gleichgültig, aber das macht man einfach nicht. Ich habe die Regeln nicht gemacht. Was sollen denn die Leute denken?«

Andererseits sind Regeln für das Zusammenleben ja tatsächlich entlastend. Alles ständig neu zu verhandeln kann auch wahnsinnig anstrengend und bisweilen lautstark peinlich und konfliktträchtig sein. Man sagt, auch der höfliche Mensch ist bereit, sich den gegebenen Regeln zu unterwerfen, wenn diese sich mit der großen Linie der Menschlichkeit vereinbaren lassen. Wenn man bei Müllers nun mal die Schuhe vor der Tür auszieht und sich beim Pinkeln hinzusetzen hat, dann mag man das spießig finden, aber sich eines Kommentars enthalten. Schließlich sind wir ja selbst auch froh, wenn uns unsere Gäste nicht ständig mit ihrer Verwunderung über unsere Schrullen konfrontieren:

»Aha. Und den Alu-Hut soll ich jetzt auch hier in deinem Garten tragen, damit die NSA unsere Gedanken nicht mitschneiden kann. Interessant, Moritz. Aber wenn dir das wichtig ist, gerne. Blühen ja prächtig, deine Neurosen.«

11 GOLDENE REGELN DER BAUFINANZIERUNG

1. Ausreichend Eigenkapital einbringen
2. Zinsen und Tilgung kalkulieren
3. Öffentliche Fördermittel berücksichtigen
4. Erwerbsnebenkosten nicht vergessen
5. Rücklagen einkalkulieren
6. Nebenkosten und Wohngeld berücksichtigen
7. Flexibilität im Darlehensvertrag – nicht immer ratsam
8. Einkommen absichern
9. Einfach muss nicht schlecht sein
10. Richtige Zinsbindung heißt heute häufig Kombination zweiter Zinsbindungen
11. Den richtigen Baufinanzierungsberater finden – auf Unabhängigkeit achten

DER ARCHIVAR

Georg Richter liebt Regeln. Der pensionierte Lehrer mit druckreifer Handschrift begeistert sich für Manuskripte und hortet in seiner Leipziger Altbauwohnung handgeschriebene Dokumente sozialer Codes. Seine ganze Wohnung ist ein Zettelkasten. Nach einer freundlichen Begrüßung steigt Herr Richter über ein ausrangiertes Aquarium, auf einen Hocker und ergreift zielgenau ein Porträt Adolph Freiherr Knigges.

»Bestens vorbereitet. Aber eigentlich brauchte ich das gar nicht, ich weiß auch so, wo alles steht. Geben Sie mir irgendein Stichwort, Baron Knigge, irgendeins.« Ich überlege. Was mich nicht interessiert, weiß ich. Etiketteregeln. Die stapeln sich in meinem Kohlenkeller bis zur Decke.

»England, Herr Richter. Das würde mich interessieren. Ich erinnere mich gerne an meine Schulzeit in England.«

»England, England«, murmelt Herr Richter. »Wo habe ich das? Augenblick. Im Nebenzimmer.«

Kurz darauf kommt er mit einer vergilbten Liste zurück und murmelt:

»Summerhill, das Brutnest der antiautoritären Erziehung. Anfang der 1920er-Jahre von Alexander Sutherland Neill gegründet mit dem Anspruch, eine Schule zu schaffen, die sich demokratischen Idealen des Lernens und Zusammenlebens verpflichtet sieht. Neill nahm die Kinder ernst, sehr ernst. Ihr eigenes Leben sollen die Kinder leben und nicht dem Lebensentwurf ihrer verängstigten Helikoptereltern folgen. Man könnte auch sagen, Neill war das Besserwisser-Gen zuwider, das in jedem von uns steckt und Eltern in besonderem Maße dazu verführt, ihre Kinder zu maßregeln.«

»Was haben Sie aufgehoben, Herr Richter?«

»Die Regeln, die die Schüler selbst aufgestellt und niedergeschrieben haben.«

REGELN AUS SUMMERHILL, PRIVAT-INTERNAT IN LEISTON, SUFFOLK:

- Du musst dir deine Schlafsachen anziehen, bevor du ins Bett gehst.
- Im Speisesaal darfst du keine Kekse werfen.
- Du darfst morgens nicht auf deinem Bett liegen, es sei denn, du liest.
- Nur erklärte Raucher dürfen rauchen. Du musst dich im Meeting zum Raucher erklären.
- Du darfst außer Brot nichts in den Toaster tun.

- An deinem Geburtstag darfst du bei der Essensausgabe an den Anfang der Schlange gehen.
- Du darfst während des Meetings weder fernsehgucken noch computerspielen.
- Du musst eine funktionierende Vorder- und Hinterradbremse an deinem Fahrrad haben.
- Du darfst keine Fahrräder von kleineren Kindern benutzen, selbst wenn sie dir dies erlauben.
- Du darfst nicht auf die große Buche klettern, wenn es dunkel oder nass ist.

10 PRAXISERPROBTE REGELN ZUM GELDSPAREN BEIM MODELLBAHN-HOBBY

1. Ladegut im Selbstbau herstellen
2. Bausätze anstatt Fertigprodukte
3. Bestellen mehrerer gleicher Artikel
4. Ausweichen auf gleiches Modell eines anderen Herstellers
5. Geräteeigenschaften genau vergleichen
6. Auktionshäuser, Online-Shops und Preissuchmaschinen
7. Modelle zum richtigen Zeitpunkt kaufen
8. Verwenden Sie ungewöhnliche Materialien
9. Open Source und Freeware anstelle kommerzieller Software
10. Kostenlose Apps statt teures Fahrgerät

INNERE REGELN, ÄUSSERE ZWÄNGE

Eine Konversation aus einer Datingplattform für die Karriere. Ein mir bis dato unbekannter Mann schrieb mich an:

»Tach Herr Knigge, ich halte nichts von spießigen Benimmregeln, in meinem Leben gelten meine Maßstäbe!«

Ich habe ihm geantwortet:

»Sehr geehrter Herr, das finde ich prima! Jedenfalls dann, wenn Ihre Regeln sich an der Wertschätzung Ihrer Mitmenschen orientieren und Sie sich selbst eingestehen können, auch mal danebenzuliegen.«

Die ewige Pubertät. Wir lassen uns nichts sagen von niemandem. Wir verbitten uns jede Bevormundung auf das Schärfste: »Was meint er eigentlich, wer er ist. Ich bin doch nicht bescheuert. Da bin ich längst selbst drauf gekommen. Dieser Klugscheißer benimmt sich selbst wie die Axt im Walde und meint, mich erziehen zu müssen! Grenzüberschreitend, anmaßend, übergriffig!«

»In meinem Leben gelten meine Maßstäbe« ist ein toller Satz. Trotzig beansprucht er die Autonomie des Einzelnen. Jedoch nicht gegen die inneren Dämonen, sondern gegen die äußeren Zwänge, die einem die eigenen Eltern und andere Arschgeigen auferlegt haben. Da rebelliert der wilde Kerl und muss ohne Essen ins Bett.

Dabei wird umgekehrt ein Schuh draus: Erkenne deine inneren Zwänge und deine äußeren Möglichkeiten. Die Einsicht in die eigene Unvollkommenheit ist eine Befreiung, selbst wenn diese Unvollkommenheit von solchen Menschen diagnostiziert wird, die vor der eignen Haustür kehren sollten.

Selbst wenn die schärfsten Kritiker der Elche früher selber welche waren, gilt noch immer der schöne Satz: Reife bedeutet, gute Ratschläge annehmen zu können, selbst wenn sie von den Eltern stammen. Den leiblichen und denen, die uns in mütterlichen und väterlichen Gewändern den erhobenen Zeigefinger entgegenstrecken. Autonomie bedeutet, seinem »animalischen Egozentrismus« einen Tritt in den Hintern zu verpassen und die eigene Schwäche in den Blick zu bekommen. Autonomie stellt sich erst dann ein, wenn ich mich dafür interessiere, wie die Welt – und damit auch ich – aus den Augen anderer aussieht. Ganz zwanglos, aber garantiert bewusstseinserweiternd.

DESHALB, BODYGUARDS:

**Ihr seid kugelsicher.
An euch perlt alles ab.**

12 GOLDENE REGELN IM UMGANG MIT HUNDEN

1. Behandle einen Hund so, wie du selbst behandelt werden möchtest.
2. Ein Hund kann noch so lieb aussehen – geh nur zu ihm, wenn sein Besitzer es erlaubt hat.
3. Vermeide alles, was ein Hund als Bedrohung auffassen könnte.
4. Schau einem Hund nicht starr in die Augen.
5. Komm nicht in die Schwanznähe, versuch nicht, daran zu ziehen, und tritt nicht darauf.
6. Stör keinen Hund beim Fressen. Versuch nie, ihm sein Futter wegzunehmen.
7. Wenn du mit einem Hund spielst, achte darauf, den Zähnen nicht zu nahe zu kommen.
8. Versuch nie, raufende Hunde zu trennen.
9. Egal, ob du Angst hast oder nicht. Lauf nie vor einem Hund davon.
10. Du hast zwei Hände. Der Hund hat nur seine Zähne, um etwas festzuhalten.
11. Wenn du mit einem Hund spielst, achte immer darauf, dass ein Erwachsener in der Nähe ist.
12. Kein Hund ist wie der andere.

ERSTE MAL IN KÖLLE?

Moritz, hier in der Ecke gibts 'ne tolle Auswahl: Italie-
ner, Brasserie, Café Wagner mit einer Salatbar zum
Reinlegen. Oder lieber typisch Kölsch? Da hätten wir um
die Ecke das ›Max & Moritz‹. Aber die sind manchmal,
na ja, ein wenig eigen.«

»Hallo? Ich bin als Prinz auf dem Veedelszoch in Porz
mitgefahren!«

»Also gerne typisch Kölsch. Und der Name passt doch
auch.«

Wenig später betraten wir das an einer Ecke gelegene
»Max & Moritz«. Mittagszeit, Stimmengewirr, krachvoll.
Aber ein kleiner Tisch in der Ecke war noch frei. Mein
Geschäftspartner war ein wenig angespannt. Wohl ein
wenig unsicher, ob ich mit der rheinischen Herzlichkeit
wirklich per Du sei und ob er nicht selbst lieber um die
Ecke mit einem »Buongiorno, professore!« begrüßt würde. Der Köbes (das ist das rheinische Wort für eine Mischung aus Kellner, Entertainer und Sozialarbeiter) kam
an unseren Tisch.

»Tach. Wat trinken?«

»Zweimal Fassbrause, bitte!«

»Braucht Ihr 'n Glas?«

»Ähh, nö, danke!«

»Richtige Antwort! Wat essen?«

»Was gibt es denn?«

Der Köbes zeigte wortlos auf einen Stehtisch in einigen Meter Entfernung. Und ging. Ich stand auf und holte die Karten.

Der Köbes kam wieder: »Wat jefunden?«

Ich sagte: »Ich schwanke noch zwischen …«

»Fassbrause trinken und schwanken, wo kommst du denn her?«

Mein Geschäftspartner bestellte die Reibekuchen.

»So Jung, wat is jetzt mit dir? 10-9-8-7-6-5 …«

»Ich nehme die Sülze. Sind da Bratkartoffeln dabei?«

»Nääh, Gummibärchen.«

Als der Köbes sich entfernte, zuckte mein Geschäftspartner mit den Achseln, was für mich aussah wie: Tut mir leid, aber ich habs dir ja gesagt.

Das Essen kam nur kurze Zeit später. Ich bekam meinen Teller und beide Bestecke in die Hand gedrückt: »Dat kriegste hin, ne? Guten Hunger, Männer!«

Ich wollte anfangen, vermisste aber noch etwas. Sülze ohne Remoulade? Komisch. Mussten sie vergessen haben, denn unser Tischnachbar hatte einen großen Klecks auf seinem Teller. Ist ja nicht schlimm, dachte ich, ist ja auch viel zu tun.

Ich stellte Blickkontakt mit dem Köbes her: »Entschuldigung, Sie haben, glaube ich, meine Remoulade vergessen.«

»Ich vergess mich gleich. Mach mal die Augen auf!«
Dabei zeigte er auf den großen Edelstahlwagen mit dem Soßenspender, der mitten im Raum stand.
»Ahh, danke.«
Das Essen war hervorragend.
»Können wir zahlen?«
»Dat will ich hoffen!«
Und ich meinte, ein leichtes Lächeln hätte seine Mundwinkel durchzuckt.
»Danke Männer, erste Mal in Köln?«
»Eigentlich nicht.«
»Und uneigentlich?«
Da mussten wir lachen. Alle drei.
»Wie auch immer. Ihr könnt wiederkommen!«

10 REGELN FÜR DEN UMGANG
MIT DRUCKGASFLASCHEN

1. Nur erfahrene und unterwiesene Personen dürfen mit DRUCKGASFLASCHEN umgehen.

2. DRUCKGASFLASCHEN dürfen nicht geworfen werden und sind beim Lagern und Gebrauch gegen Umfallen (zum Beispiel mit Flaschenpalette/Pulk oder Ketten, Bügel) und Anfahren durch Fahrzeuge zu sichern.

3. Produkt nur mittels geeigneter Druckminderer aus der DRUCKGASFLASCHE entnehmen. (Ausnahme: Steigrohrflaschen mit unter Druck verflüssigten Gasen müssen ohne Druckminderer betrieben werden.) Beim Anschluss von Druckminderern nur beständige Dichtungen verwenden.

4. DRUCKGASFLASCHEN sind vor gefährlicher Erwärmung (über 50 °C), zum Beispiel durch Heizkörper oder offene Flammen, zu schützen. Keine lokale Erwärmung durch Heizmanschetten.

5. DRUCKGASFLASCHEN nicht aus einer anderen DRUCKGASFLASCHE befüllen (Ausnahme: Handwerkerflaschen für Propan) und vor Rückströmung schützen.

6. DRUCKGASFLASCHEN-Kennzeichnungen (Prägungen, Aufkleber) dürfen nicht beschädigt, verändert oder beseitigt werden.

7. DRUCKGASFLASCHENVENTILE, insbesondere deren Anschlussgewinde, sowie Druckminderer müssen aus sicherheitstechnischen Gründen öl- und fettfrei gehalten und vor Verschmutzungen geschützt werden. Druckgasflaschenventile nur von Hand betätigen und langsam öffnen. DRUCKGASFLASCHENVENTILE sind geschlossen zu halten, solange kein Gas entnommen wird.

8. DRUCKGASFLASCHEN mit Schäden (zum Beispiel Ventil-, Brand-, mechanische Schäden) dürfen nicht benutzt werden. Sie sind eindeutig zu kennzeichnen, und der Gaslieferant ist unverzüglich über die weitere Behandlung zu befragen.

9. DRUCKGASFLASCHEN dürfen nur mit zugelassenem Ventilschutz (zum Beispiel Schutzkappe, Cage) und mit ausreichender Sicherung gegen Verrutschen oder Umherrollen transportiert werden.

10. Eine Gefährdungsbeurteilung ist für den Umgang mit DRUCKGASFLASCHEN durchzuführen, und Betriebsanweisungen sind zu erstellen.

BLEIB GESCHMEIDIG, ALTER

Die Kunst, sich bemerkbar, geltend, geachtet zu machen, ohne beneidet zu werden; sich nach den Temperamenten, Einsichten und Neigungen seiner Mitmenschen zu richten, ohne falsch zu sein; sich ungezwungen in den Ton jeder Gesellschaft stimmen zu können, ohne weder Eigentümlichkeit des Charakters zu verlieren, noch sich zu niedriger Schmeichelei herabzulassen. Der, welchen die Natur nicht schon mit dieser glücklichen Anlage hat geboren werden lassen, erwerbe sich Studium der Menschen, eine gewisse Geschmeidigkeit, Geselligkeit, Nachgiebigkeit, Duldung, zur rechter Zeit Verleugnung, Gewalt über heftige Leidenschaften, Wachsamkeit auf sich selber und Heiterkeit des immer gleich gestimmten Gemüts; und er wird sich jene Kunst zu eigen machen.

Adolph Freiherr Knigge,
Über den Umgang mit Menschen

Das gilt nicht nur für den Besuch in Köln, sondern auch den in Dresden, Kiel, Stuttgart, Frankfurt oder München. Demnach wäre Höflichkeit eine Übersetzungsleistung, die umso virtuoser ist, je aufmerksamer, geschmeidiger, geselliger, nachgiebiger, beherrschter und heiterer der Dolmetscher ist. Wer mit anderen eine lustige und interessante Geschichte schreiben möchte, der bilde sich in dieser Kunst. Der mache sich auf die Suche nach dem Geist der Höflichkeit und befreie ihn von der rostigen Rasselkette aus dem Hause »Steif & Förmlich«.

Ich kenne kein Zitat, das den Unterschied zwischen dem freien Geist der Höflichkeit und dem Schreckgespenst der steifen Etikette geschmeidiger auf den Punkt gebracht hätte als das folgende La Bruyères:

»Man kann den Geist der Höflichkeit definieren, aber man kann nicht bestimmen, wie sie angewendet werden muss: Sie folgt dem Gebrauch und dem Herkommen; sie ist an die verschieden Zeiten, Orte, Persönlichkeiten gebunden, und ist weder bei den zwei Geschlechtern noch bei den verschiedenen Ständen dieselbe; […] Der Geist der Höflichkeit scheint mir in einem gewissen Streben zu bestehen, durch unsere Worte und unsere Manieren die anderen zufrieden mit uns und mit sich selbst zu machen.«

DESHALB, KONTROLLEURE:

Was heißt hier Fingerspitzengefühl?

DIE 10 GEBOTE FÜR EINEN STILVOLLEN COSPLAYBALL

1. Es sind keine Tier- oder Monsterkostüme, Morphsuits, Zentai Suits, Fursuits gestattet.

2. Es sind keine Masken und keinerlei Maskierungen erlaubt (Ausnahmen bilden lediglich diskrete Augenklappen).

3. Auf Schuluniformen ist zu verzichten.

4. Ebenfalls nicht erlaubt sind Kampfoutfits (aka KKJ, Sailor Moon et cetera).

5. Bitte keine Punk-Stile, außer elegante Steampunkstile.

6. Bei Militäranzügen sind nur Gala-Uniformen erlaubt (keine Overalls, keine Einsatzkleidung und keine faschistischen Anzüge).

7. Crossplay ist ebenso erlaubt wie elegante Cosplays.

8. Bitte weder Platten- noch Vollrüstungen.

9. Edle Hüte, zum Beispiel Herrenzylinder sind erlaubt, jedoch keine Helme. Es wird darum gebeten, Schirme, Flügel, Gehstöcke und andere Accessoires mit einem ähnlichen Härte- und/oder Größengrad bei Mitnahme aus Rücksichtnahme auf die anderen Gäste an der Garderobe abzugeben.

10. Auf erotische und zu freizügige Kostüme ist zu verzichten, edle Korsetts und adrette Lolita-Outfits sind jedoch erlaubt.

TAXI INS NICHTS

Wissen Sie Knigge, wenn einer sein Schnitzel eher schlecht als recht mit Messer und Gabel isst, ist das zu ändern. Ist einer aber echt schlecht, fällt das Ändern schwer.«

Breisacher ist mittelgroßer Mittelständler in einer Region, in der Business noch Familiensache ist und man fühlen kann, warum das Herz der deutschen Wirtschaft nicht in den Glaspalästen der Multis schlägt. Er weiß, wie seine Familie tickt und auch mit welchen Menschen er sie am Ticken halten will.

»Wissen Sie Knigge, wenn Sie einen faulen Apfel erst einmal im Korb liegen haben, ist das Aussortieren nervenaufreibend und kostenintensiv. Wir nehmen gerne Birnen, Apfelsinen oder Bananen. Nur faule Äpfel wollen wir nicht. Deshalb finden unsere Bewerbungsgespräche in der ›Eule‹ statt. Landgasthof, etwa 15 Minuten vom Bahnhof entfernt. Aber wissen Sie was, Knigge? Drei Viertel der Bewerber kommen erst gar nicht dort an.«

»Weil sie sich verlaufen?«, fragte ich scherzhaft.

»Eher vergaloppieren.«

»Wo galoppieren sie denn hin?«

»Ins Abseits, würde ich sagen.«

»Das verstehe ich nicht, Herr Breisacher.«

»Sehen Sie Knigge, ich lasse alle Bewerber vom selben Taxifahrer am Bahnhof abholen. Den kenne ich seit der Grundschule. Er sagt mir, ob die Menschen, mit denen ich später vielleicht zusammenarbeite, etwas verstanden haben.«

»Und das wäre?«

»Den Satz, den mein Vater sehr früh zu mir sagte: ›Jeder Mensch, der sich müht, seine Familie zu ernähren, hat meinen Respekt verdient!‹ Mein Vater verachtete Dünkel, und auch ich möchte nicht mit Menschen zusammenarbeiten, die sich über andere erheben. Dass alle Bewerber fachlich top sind, weiß ich schon aufgrund ihrer Bewerbung. Sonst würde ich sie ja nicht einladen. Ich interessiere mich aber für die Menschen, die ich einstelle.«

Da erzählte ich Breisacher *meine* Geschichte zum Dünkel:

»Stellen Sie sich ein gutes Restaurant vor. Die Damen und Herren geschmackvoll gekleidet, die Herren helfen den Damen aus dem Mantel, die Gespräche am Tisch sind kultiviert, die Lautstärke angenehm, gute Weine bekannt, die Serviette auf dem Schoß, Brotkörbe werden aufmerksam weitergereicht, und die Bröckchen-Flöckchen-Regel ist bekannt. Und doch würde ich behaupten, noch wissen Sie nicht, ob Sie es sich tatsächlich um höfliche Menschen handelt. Woran Sie es aber sofort erkennen …«

Breisacher fiel mir ins Wort: »… ist, wie diese Menschen mit dem Servicepersonal umgehen! Wissen Sie was, Herr Knigge?«

»Noch nicht.«

»Auf in die ›Eule‹. Ich habe Hunger.«

DESHALB, WACHMANNSCHAFT:

Nach unten treten, nach oben buckeln. Rührselige Dinosaurier wie der Breisacher landen nach dem Management-Buy-out auf dem Altenteil.

REGELN FÜR STRASSENKINDER IM KINDER- UND JUGENDHAUS BOLLE, BERLIN-MARZAHN

1. Bolle-Mitarbeiter sind Chefs und Helfer.
2. Schlagen, Beleidigen und Grapschen sind verboten.
3. Nichts klauen
4. Bolle-Gegenstände ordentlich benutzen.

FEDERLEICHT

*Aber oben im Schloss herrschte große Aufregung.
Wo war die Prinzessin geblieben? Die Hofdamen
und die Hofherren liefen herum, und die Königin
weinte und suchte auch. Und zum Schluss war
es die Königin, die Lise-Lotta im Park hinter den
Fliederbüschen fand.*

*»Liebes Kind«, rief die Königin, »liebe Lise-Lotta,
das geht doch nicht!«*

Aber da begann Lise-Lotta zu weinen.

»Ach Mama, geh weg! Wir spielen doch!«, rief sie.

Astrid Lindgren,
Die Prinzessin, die nicht spielen wollte

Es heißt, wer die Regeln kennt, der weiß mit ihnen zu
spielen. Das ist ein bisschen missverständlich, weil das
Spielerische jenseits des Geregelten beginnt: hinter den
Fliederbüschen. Dort beginnt sie, die *kunstvolle Natürlichkeit,* in der Natur und Kultur zusammenfinden. Es
ist der Ort, an dem Menschen sich die Mühe machen,
das Leben für alle leichter zu machen, ohne es nach
Mühe aussehen zu lassen. Grazil, mit Nonchalance und
Sprezzatura. Im *Hofmann* lässt Baldassare Castiglione

den Ludovico sagen: »Daher kann man sagen, dort sei die wahre Kunst, wo man die Kunst nicht sieht, so dass es die Hauptsorge sein muss, um sie zu verbergen.«

So stellt sich die Frage, ob ich mich erhebe, wenn jemand den Raum betritt, oder einen Sitzplatz anbiete, ohnehin nicht; die einzige Frage, die sich stellt, ist die, auf welche Weise ich dies tue, und die Antwort lautet: Ich erhebe mich – als sei es das Selbstverständlichste der Welt – leicht wie eine Feder.

Asserate sagt: »Der Nachlässige blickt die Menschen freundlich an, aber er vermutet zuerst einmal, dass sie ebenso souverän sind wie er selbst und tun und lassen werden, wonach ihnen zumute ist.«

Da du selbst nicht souverän bist, bleibt dir diese Einsicht verwehrt.

DESHALB, TÜRSTEHER:

Werft euch in Pose, sonst stiehlt euch die Höflichkeit die Schau.

DIE GRALSRITTER VON
DER TRAURIGEN GESTALT

Möchten Sie ohne Freunde auskommen können?

Max Frisch, *Fragebogen*

Bewachen bedeutet, der Höflichkeit die Seele und seinen Mitmenschen die Nerven zu rauben. Wer bewacht die Höflichkeit? Die Verklemmten, die sich nicht unter Menschen trauen. Die Kleinkarierten, die aus einer bunten Welt eine schwarz-weiße machen wollen. Die Verächtlichen, die die Höflichkeiten missbrauchen, um sich über andere zu erheben. Die, die meinen, die Welt würde sich um ihre Regeln drehen.

Bewacht die Höflichkeit, indem ihr beharrlich fragt, ob man ein Geschenk ablehnen, sich Gesundheit wünschen, über die Armlehne im Flugzeug verhandeln, sich beim Servicepersonal bedanken, den verkaterten Vorgesetzten beim Vornamen nennen und mit dem Papst in einem Zimmer schlafen darf.

Bewacht die Höflichkeit, indem ihr den kleinen Dingen der Welt so viel Wert beimesst, dass ihr darüber die Schönheit der großen vergesst. Haltet euch sklavisch an

Regeln, und zwar solche, die euch auf den großen Auftritt in der großen Welt vorbereiten, der euch nur leider versagt bleiben wird. Weil man dort bereits eigene Klugscheißer und Langweiler hat.

Bewacht die Höflichkeit, indem ihr überall Fettnäpfe aufstellt, anderen eure durchgestreckten Zeigefinger in sämtliche Körperöffnungen steckt und euren Mitmenschen mit der gesellschaftlichen Isolation droht, in die eure Benimmtrainer-Aura euch längst manövriert hat.

BEHERRSCHEN

Von der selbstherrlichen Art, die Höflichkeit zu versklaven

»Wieso falsche Richtung?«, sagt der Geisterfahrer zum Polizisten. »Sie wissen doch gar nicht, wo ich hin will!«

Seit über 15 Jahren rede ich über Höflichkeit. Und immer wieder kommen nach meinen Vorträgen Menschen zu mir, die sagen: »Herr Knigge, was Sie da sagen, Ich mache das ja auch immer. Aber die anderen – die machen das nicht.«

Es folgen beliebige Aufzählungen. Kollegen, Chefin, Frau, Freundin, Ausländer, Rheinländer, Hessen, Halbstarke, Rentner, Russen, Hipster, Banker, Nerds und Nachbarn – kurz: die anderen.

Wieder ein Geisterfahrer, denke ich dann. Einer von der Sorte, die immer richtig fährt. Egal auf welcher Spur. Bewusstsein heißt, Dinge infrage stellen zu können. Geisterfahrer lassen unbewusst nagende Zweifel an der eigenen Unfehlbarkeit da, wo sie hingehören: im Unbewussten. Im Auto wie im Zwischenmenschlichen treten sie das Gaspedal durch. Im Zweifel gegen den Zweifel. Wichtig ist, dass die Tachonadel nicht unter 200 fällt. Denn wer Selbstzweifel zum Schweigen bringt und mit dem Brustton der Überzeugung Vollgas gibt, muss sich vor Zusammenstößen nicht fürchten. Die anderen werden die Bahn schon frei machen und ängstlich an den Straßenrand fahren.

DAS UNHÖFLICHKEITS-WIR

D a sind wir uns doch einig, Herr Knigge.« – Wer die Höflichkeit beherrscht, reklamiert sie für sich. Er fordert sie von anderen und ist selbst über jeden Zweifel erhaben. Wir Höflichen gehören einem erlesenen Kreis an und sind immer auf der Suche nach Schwestern und Brüdern im Geiste. Wir machen eine gute Figur. Bei uns wird gutes Benehmen großgeschrieben. Wir beherrschen die Höflichkeit. Wirklich. Wir sind nicht wie die Spießer, die sich im Benimmseminar ins Hemd machen, wenn sie den Handkuss versaut haben. Nicht wie die Rufer in der Zivilisationswüste. Die Karrieristen, die zu jeder Gelegenheit den passenden Trick aus der Toolbox zaubern, um authentisch zu wirken. Oder die Einbildungsbürger, die sich so sehnlich ein Utopia ohne Pöbel wünschen, obwohl sie längst in ihren umzäunten Gettos leben und Stadt und Straße nur noch aus den Rückspiegeln ihrer Allradfahrzeuge kennen.

Wir sind anders. Über jeden Zweifel erhaben. Mit unserem eigenen Verhalten beschäftigen müssen wir uns längst nicht mehr. Das tut nichts zur Sache. Wir machen eine gute Figur im Maulaffenfeilhalten: unserer Königsdisziplin. Wichtig ist nicht nur auf dem Platz, wichtig ist, sich in der freien Rede darüber zu üben, was die anderen zu tun oder zu lassen haben. Wir sind gemütlich und selbstzufrieden. Ein Hoch auf die Trägheit des Unbewussten. Wir chillen. Wir sind uns einig. Hier wir, draußen die anderen! Wir lassen das eigene Verhalten Verhalten sein. Ganz entspannt. Nimm bloß den Finger von der eigenen Nase. Glaubt uns: Das ist der Anfang vom Ende des wohlgenährten Egos. Wenn ihr das Wort »Unhöflichkeit« hört, dann denkt an eure lästigen Mitmenschen, je länger desto besser. Je nichtiger der Anlass, anderen einen Strick des schlechten Benehmens zu drehen, umso noch besser.

Wer meint, die Höflichkeit zu beherrschen, der beansprucht sie, der reklamiert sie für sich, fordert sie von anderen und strapaziert sie damit so stark, dass sie sich abnutzt bis hin zur Unkenntlichkeit. Was sein soll, das nicht sein kann, weil die Beanspruchung zu hoch ist. Die Höflichkeit leidet an Burn-out, und keiner merkts.

In Asserates *Manieren* lasen wir: »Der Vulgäre unterstellt andern dieselben niederen Motive, denen er selbst folgt.«

Der Beherrschende hingegen folgt denselben niederen Motiven, die er anderen unterstellt, ohne einen blassen Schimmer davon zu haben. Er ist der Marktschreier, der alles um sich herum so lange niederbrüllt, bis er alleine auf dem Marktplatz steht. Er ist der Brillenträger mit der höchsten Dioptriezahl, der sich als Scharfschütze unter den Blinden wähnt. Er steht vor seinem Spiegelbild und fragt es, warum es so blöde grinst. Wir wissen ganz genau, was Menschen zu tun und zu lassen haben. Vor allen Dingen, was die anderen zu tun und zu lassen haben. Von uns selbst, unserer Wirkung und unseren Möglichkeiten wissen wir wenig.

DESHALB, EXPERTEN:

**Wissenschaftlich belegt:
Alles Vollidioten – außer wir.**

WENN HIER EINER REMPELT, DANN ICH

In Großbritannien, diesem nebligen, kleinen Lummerland, wo die Autos linksrum fahren und die Menschen sich entschuldigen, wenn man sie anrempelt, gibt es keinen Knigge. Dafür Sir Trevor Francis, Kulturhistoriker und profunder Kenner der englischen Manieren. Vor gut einem Jahr habe ich ihn getroffen, um gemeinsam der Frage nachzugehen, ob sich im englischen »Excuse me« das Wesen der Höflichkeit zeigt so wie im deutschen »Tschuldigensema« das Gegenteil.

»Sir Trevor, warum gebietet es die Höflichkeit, sich zu entschuldigen, wenn man angerempelt wird?«

»Mein lieber Knigge, weil sich die Höflichkeit nicht um die Wirklichkeit schert. Das Profane und Unbedeutende überlässt sie der Unhöflichkeit. Die Höflichkeit ist ein verspielter, erfindungsreicher und wohlwollender Freigeist. Die Unhöflichkeit ein plumper und fantasieloser Langweiler.«

Ich fragte: »Wenn sich die Höflichkeit nicht um die Realität schert, worum schert sie sich dann?«

»Um Menschenfreundlichkeit, Freiheit und Klugheit.«

»Das müssen Sie mir erklären.«

»Nun. Der Angerempelte geht davon aus, dass ihn der andere nicht anrempeln wollte; er ist so frei, so zu tun, als sei das Rempeln von ihm ausgegangen, und so klug anzunehmen, dass der andere sich entschuldigen wird.«

»Aber warum sollte ich die Wirklichkeit umschreiben, wenn der andere nun einmal der Rempelnde war?«

»Weil ich es kann. Und anschließend das tun kann, was ich ohnehin wollte: nach Hause gehen und das Cheddar-Sandwich essen, das ich gekauft habe. Und ich habe noch einen netten Menschen kennengelernt, mit dem ich gemeinsam ein Missverständnis friedlich aufklären konnte. Ich nehme an, Sie haben in Deutschland auch ein ›Excuse me‹. Oder?«

Ich schmunzelte: »Aber sicher. Wir sagen ›Tschuldigensma‹. Das ist allerdings keine Entschuldigung im engeren Sinne, sondern eher die Aufforderung zur Entschuldigung. Man könnte es mit einem Tritt in den Hintern vergleichen.«

Sir Trevor musste lachen: »Ihr seid also Menschen, die nur eine einzige Wirklichkeit kennen: die des unschuldigen Opfers, das sich wehren muss.«

»Aber dafür waren wir schon viermal Weltmeister«, erwiderte ich trotzig.

DESHALB, RESPEKTSPERSONEN:

Schließt Missverständnisse aus.
Unterstellt Angriffe.

WETTSTREIT DER POETEN

Ein Mann möchte wissen, wie das Weltall entstanden ist. Als Ersten fragt er einen Astronomen: »Wie ist eigentlich das All entstanden?«

»Nun, vor etwa 14 Milliarden Jahren gab es einen großen Knall, den Urknall, und danach war es da, das Weltall.«

Danach geht er zu einem Kardinal und fragt: »Wie ist eigentlich das All entstanden?«

Dieser antwortet: »Das weiß doch jeder, mein Sohn. Gott hat die Welt in sechs Tagen erschaffen. Danach war er sehr müde.«

Danach beschließt er, einen Teilchenphysiker zu fragen: »Wie ist eigentlich das All entstanden?«

Die Antwort des Physikers erscheint sehr präzise, doch der Mann versteht wenig.

Seine Suche nach der Antwort führt ihn um die ganze Welt. Und je mehr Menschen er fragt, umso bunter werden die Antworten. Er beginnt, über sie nachzudenken, und stellt fest: Keine ist wie die andere. Die eine ist kurz, die andere lang. Die eine scheint mehr, die andere weniger vernünftig. Doch eins haben alle gemein: Ihre Urheber sind allesamt überzeugt, dass es andere Antworten nicht geben sollte. Der Mann verzweifelt. Das sieht sein

Sohn. Er kommt und setzt sich auf seinen Schoß. »Was ist mit dir, Papa?«

»Wie soll ich dir das erklären, Junge. Ich kann nicht herausfinden, wie alles wirklich entstanden ist.«

Sein Sohn sieht ihn an: »Ich will jetzt wirklich ein Eis, Papa. Du warst so lange weg.«

AUSGEMALT

Der junge Mann war klug. Und er wollte wissen, wie klug ich bin. Das wollen junge Männer meist, wenn sie auf mittelalte treffen. Ich sei schließlich von Geburt Experte für den Umgang mit Menschen. Er suchte Rat im Umgang mit seinem Vorgesetzten, der ein Manipulator ersten Grades sei. Einer, der über Leichen gehe und hinter jedem Gedanken noch ein Hinter verstecke. Das Bild, das der sehr kluge junge Mann von seinem Vorgesetzten malte, war lückenlos. Es war perfekt. Der Maler war von seinem Werk gleichermaßen fasziniert und abgestoßen. Er bewunderte und verachtete seinen Vorgesetzten. Und dafür wiederum bewunderte und verachtete er sich selbst.

Nachdem der junge Mann sein Bild vollendet, seine Geschichte zu Ende erzählt hatte, fragte er mich: »Was können Sie mir raten, Herr Knigge?«

Ich antwortete: »Nichts. Solange Sie das Bild Ihres Vorgesetzten nicht als Ihr Gemälde und sich selbst nicht als den Maler erkennen.«

Der junge Mann fragte, ob ich mir ganz sicher sei, Kommunikationsexperte zu sein.

Der größte Feind der Höflichkeit ist der Glaube an die Unhöflichkeit. Denn er wirkt wie ein schwarzes Loch, dem kein Lichtstrahl mehr entfliehen kann. Egal wie sich der Chef verhält, der junge Mann wird keine positive Eigenschaft mehr an ihm sehen können.

DESHALB, MAJESTÄTEN:

Glaubt fest an die Unhöflichkeit der anderen.

DIE WOHLWOLLENDE KONSTRUKTION

Höflichkeit wird landläufig als eine Sammlung von Verhaltensregeln betrachtet. Dabei ist sie viel mehr. So hieß die Höflichkeit früher *Herzensbildung*. Heute traut sich das keiner mehr, weil sofort Räucherstäbchen, Pendel und Gesprächssteine im Kopfkino des Gegenübers auftauchen. Und das trägt selten zur Verständigung bei. Die herzensgebildete Höflichkeit reduziert uns nicht auf das Handeln, sondern bietet uns unendlich viele andere Möglichkeiten an, miteinander klarzukommen.

Der Mensch beobachtet, denkt, fühlt und handelt; der höfliche Mensch beobachtet, denkt und fühlt, *bevor* er handelt, wenn er überhaupt handelt. Sein wichtigstes Werkzeug: die *wohlwollende Konstruktion*. Menschen, die wohlwollend konstruieren, folgen der Einsicht, dass im Zwischenmenschlichen nichts und niemand so ist, wie *er sie es* ist, sondern so, wie wir *ihn sie es* betrachten. Die wohlwollende Konstruktion ist eine Kamera mit besonderer Brennweite und Lichtstärke. Mit ihr machen wir uns schöne Bilder zwischenmenschlicher Realitäten. Mit ihr kommen Farben, Tiefenschärfe, Spiegelungen, Unschärfen und Gegenlicht ins Spiel. Mit ihr wird das

Miteinander bunt. Mit ihr gewinnen wir die Freiheit, uns zu entscheiden, welche Bilder wir machen wollen: ob andere die Rüpel oder wir die Spießer sind, ob andere mit voller Absicht oder aus Schusseligkeit handeln, ob andere uns angreifen wollen oder an Soziallegasthenie leiden. Die Wahrheit – so sagt man – liegt im Auge des Betrachters. Nirgends gilt das so sehr wie im Zwischenmenschlichen, und nirgends bietet es so viele Chancen. Oder auch nicht …

FUCK VIELLEICHT

Silvester. Gäste und Gastgeber stehen vor dem Haus. Böllern und trinken Schampus. In 30 Meter Luftlinie die Nachbarn. Die Männer tragen Turnschuhe, die sie im Job nicht tragen, die Frauen Abendkleider. Die Gastgeberin ist mehr als angeheitert. Sie schimpft auf den Nachbarn. Ein wenig zu laut, aber zu leise für 30 Meter mit Bölleruntermalung.

Ein richtiger Arsch sei der, habe es nicht einmal nötig zu grüßen, habe extra weggeguckt, als man sich letztlich auf der Straße begegnet ist, halte sich wohl für was Besseres! Aber zur Annahme der Pakete sei sie gut genug: »Da bekommt er sein Maul für ein hingenuscheltes ›Danke‹ so gerade auf!«

Die Gäste müssen lachen. Ist ja immer schön, wenn sich einer in Rage redet. Sie kennen den Nachbarn nicht und brechen ihm trotzdem gleich mehrere Lanzen:

»Vielleicht hat er dich einfach nicht erkannt.«

»Hatte vielleicht seine Brille vergessen?«

»War vielleicht in Gedanken.«

»Hat vielleicht doch mehr Angst vor eurem Hund, als er sich eingestehen will.«

»War vielleicht schlecht drauf an dem Tag.«

Die Gastgeberin lacht laut, so wie Menschen lachen, wenn sie ausreichend intus haben: »Vergesst es. Der Typ ist ein einfach ein Arsch! Basta.« Dann dreht sie sich um und streckt beide Mittelfinger erst in Richtung Nachbargrundstück und dann lächelnd zu ihren Gästen: »Fuck euer Vielleicht!«

DESHALB, HOHEITEN:

**Denkt und handelt so,
dass die Anzahl eurer
Möglichkeiten schrumpft.**

FIRESTARTER

*Wieviel Unsinn rede ich meiner Meinung nach
Tag für Tag daher, und wieviel mehr noch, steht
zu vermuten, nach Meinung der andern! Wenn
ich mir hierüber schon auf die Lippen beiße – was
sollen sie dann erst tun? Kurz, man muß mit den
Lebenden leben und das Wasser unter der Brücke
hinfließen lassen, ohne sich darum zu kümmern –
oder zumindest, ohne deswegen den Kopf zu verlieren.*

Michel de Montaigne,
Von der Kunst, das Leben zu lieben

Der Mann, der Speisekarte zugewandt: »Ich kann mich
nicht entscheiden, das sieht wieder alles so lecker
aus.«

Die Frau, ihrem Mann zugewandt: »Schatz, pass ein
bisschen auf, deine Speisekarte hängt über der Kerze.«

Der Mann, der Servicekraft zugewandt: »Welches Menü empfehlen Sie? Ich schwanke zwischen 1
und 2.«

Die Servicekraft nimmt ihm behutsam die bereits
kokelnde Speisekarte aus der Hand: »Nehmen Sie die 1.«

Der Mann, an seine Frau gewandt: »Hier riechts verbrannt. Das sollten wir denen sagen!«

Höflichkeit braucht die radikale Einsicht in die eigene Uneinsichtigkeit. (»Wieso sollte ich die Speisekarte anzünden?«) Wir haben nur *eine* Perspektive auf die Welt, die unsere. (»Entschuldigung, da brennt glaube ich was an!«) Wir haben aber auch die Freiheit, an so unendlich vielen anderen Perspektiven auf dieser Welt teilzuhaben. Wenn wir aufmerksam sind für die hilfreichen Geister, die uns vor der Brandstiftung bewahren wollen. (»Vorsicht, Schatz.«)

An anderen Blickwinkeln und Blickrichtungen mangelt es in der Regel nicht. Sie können die unsrigen bestärken, ergänzen und ihnen radikal widersprechen. Sie sind Wasser auf unsere Mühlen oder stinken uns gewaltig. Wir können ihnen mit offenen Armen begegnen oder die Krallen ausfahren und uns auf alles stürzen, was das eigene kleine Kartenhaus zum Einsturz bringen könnte.

Wir können Brücken bauen oder Zugbrücken hochziehen und die Leitern der Angreifer stürzen. (»Willst du etwa behaupten, ich hätte die Karte angezündet? Du spinnst wohl!«)

Wir sind Brandstifter und Feuermelder in einem. Wir können Einsicht nehmen in die eigenen Schwächen und den Schwächen anderer wohlwollend begegnen. (»Ach Schatz, dreh die Karte doch mal rum …«) Höfliche Menschen nehmen sich selbst nicht so wichtig, aber einander so ernst, wie es eben geht. Gäbe ich der Höflichkeit eine Form, so wäre sie für mich ein Schmunzeln: über sich und andere.

Und noch was: Unter Höflichen verliert niemand schnell seinen Kopf und sein Herz nie.

DAHER, BRANDSTIFTER:

You didn't start the fire.

LÖFFELWEISHEIT

Wirklichkeit ist komplex. Doch ist Komplexität meist so verwirrend, mühsam und voller Überraschungen, dass ein allwissender Erzähler gebraucht wird. Einer, der für Ordnung sorgt, den Check hat, der weiß, was geht. Und wie. Einer, der die Weisheit mit Löffeln gefressen hat. Und davon gibt es einige: Für andere heißen sie Wissenschaft, Gott, Natur, Führer, Guru, Hoffnungsträger oder Vater und Mutter. Alle, die allwissende Erzähler für Scharlatane halten, schlagen sich kurzerhand selbst zum Ritter von absoluter Wahrheit und Allwissenheit. Und scheiden fortan Richtig von Falsch wie weiland Moses das Meer vor den flüchtenden Israeliten. Was ist das Erfolgsrezept? Die von Einsicht ungetrübte Kraft, die eigene Sicht der Dinge für die Dinge selbst zu halten. Mit strahlendem Sendungsbewusstsein über den Ozean der Zuhörer zu gleiten, majestätisch wie ein atomgetriebener Flugzeugträger.

Bescheid wissen ist toll. Wer Bescheid weiß, hält seine Sicht der Dinge für die Dinge selbst und seine Mitmenschen für sein Publikum, das an seinen Lippen hängt. Andere mögen in der Welt sein und die Dinge lediglich beobachten können, weil sie Teil dieser Welt sind. Als allwissender Erzähler hingegen schwebt man über alle hinweg, mit Röntgenbrille auf der Nase. Das garantiert Über- und Durchblick zugleich. Da Zweifel Feinde sind, vertreibt der Beherrscher der Höflichkeit sie mit einfachen Bannsprüchen: »Da können Sie sagen, was Sie wollen.« – »Da gibt es keine zwei Meinungen.« – »Da beißt die Maus keinen Faden ab.« Gerne auch mal in der koketten Variante: »Stimmts oder habe ich recht?« Widerworte belegt er mit Pfeilhagel aus dem großen Köcher des Weltwissens: »Ich erkläre es Ihnen gerne noch einmal.« – »Wenn Sie mir zugehört hätten ...« – »Das müssten Sie eigentlich besser wissen.« – »Wenn Sie meinen ...«

Vor ein paar Wochen fragte mich eine junge Dame, was mir lieber wäre: recht behalten oder einen schönen Tag haben. »Wieso oder?«, habe ich geantwortet.

DESHALB, WEITSICHTIGE:

**Ihr wisst, was ihr könnt.
Lasst es alle wissen!**

UNSCHULDSWASCHGANG

Ein Schrei.

»Sophie! Ärgere deinen Bruder nicht.«

»Aber er hat angefangen!«

»Reicht euch die Hände.«

Lennart und Sophie reichen einander die Hände.

Sophie-Marie (flüstert): »Und du hast trotzdem angefangen!«

Ein Schrei.

(…)

Ach, ich könnte stundenlang zuhören. Die süßen Kleinen – stecken immer noch in den sauren Großen. Denn der Unschuldswaschgang gehört fest zu unserem Verhaltensprogramm. Ich denke in Ursache und Wirkung. Ursache: andere. Wirkung: ich. Die haben mich geärgert, ich hab mich nur gewehrt. Ich schwöre. Wenn Brüderchen wie Schwesterchen einhellig Unschuld beteuern, aber aussehen, als wären sie gerade dem Dorfteich entstiegen, weiß jeder, was da faul ist.

Wieso ist das Eingeständnis eine derart hohe Hürde? Weil die Entschuldigung kompliziert ist. Zwar besitzt sie eine unschätzbare Funktion für das friedliche Zusammenleben. Doch setzt sowohl Erbitten wie Gewähren hohen Selbstwert voraus. Deshalb scheitert die

Entschuldigung meist an mindestens einem Beteiligten. Birgt sie doch außerdem das Risiko, künftig dominiert oder zurückgewiesen zu werden.

Sophie: »Ich hasse dich, Lennart!«

Ein Schrei.

AUF DIE ZUNGE GEBISSEN

Im Kaukasus war er. Für zwei Wochen. Früher hatte er mehr fotografiert. Jetzt nach längerer Zeit wieder, und er war stolz auf seine Fotos. Nicht alle. Aber auf die besten. Sein Bruder ist Künstler. Sein Urteil ist ihm wichtig, und da hat er ihm die 20 besten per Mail geschickt. Sein Bruder hat nichts von sich hören lassen. Schade, hat er zuerst gedacht, dann war er wütend, dann enttäuscht. Wenigstens melden kann er sich doch mal. Ich erwarte ja keine ausführliche Kritik und keinen Lobgesang. Obwohl er sich auch drüber gefreut hätte. Dann gingen die beiden zusammen essen, und die Sache lag ihm im Magen. Sollte er es ansprechen? Das Fass aufmachen? Gerade unter Brüdern ist da manchmal Vorsicht geboten. Aber doch, das wollte jetzt raus.

Das sagte sein Bruder: »Danke übrigens für deine Bilder. Tut mir leid, dass ich mich noch nicht gemeldet habe, aber mein Rechner ist gerade in der Werkstatt. Akku platt. Und auf dem Handy kann ich nichts erkennen. Ich will doch sehen, wo du warst. Musst dich also noch ein wenig gedulden.«

»Ist doch überhaupt kein Problem, ich freu mich drauf!«, hörte er sich sagen.

Manchmal ist alles anders, als man denkt. Vor allen Dingen die anderen. »Die Gedanken sind frei«, heißt es ganz richtig im Volkslied. Aber so manche Gedanken sollten den Kopf nicht durch den Mund verlassen. Weil erstens alles anders ist und zweitens als man denkt.

DAHER, SCHARFRICHTER:

Lasst das Fallbeil niedersausen, bevor mildernde Umstände eintreten.

NACKTE TATSACHEN

*»Wie sind des Kaisers neue Kleider unver-
gleichlich! Welche Schleppe er am Kleide hat! Wie
schön sie sitzt!«*
*Keiner wollte es sich merken lassen, dass er nichts
sah; denn dann hätte er ja nicht zu seinem Amte
getaugt oder wäre sehr dumm gewesen.*
*»Aber er hat ja gar nichts an!«, sagte endlich ein
kleines Kind.*

Hans Christian Andersen,
Des Kaisers neue Kleider

Der pudelnackte Souverän aus Hans Christian Ander-
sens Märchen *Des Kaisers neue Kleider* ist das ulti-
mative Role Model des Beherrschers der Höflichkeit. Er
wäre bis zum Rest seiner Tage als Flitzer durch sein Reich
gereist, hätte ihn nicht die »Stimme der Unschuld« auf
seine Nacktheit aufmerksam gemacht. Doch haben die
meisten Beherrscher unserer Tage das Glück, dass es an
ihren Höfen an unschuldigen Kindern und tollkühnen
Hofnarren fehlt. So laufen sie also durch die Gegend.
Ohne Fremdbild. Warum ist es so schwer, Fremdbilder
auszuhalten?

Es gibt viele Menschen, die sagen: Kritik ist ein Geschenk. Das stimmt, irgendwann im nächsten Leben. Zunächst ist Kritik aber kein Geschenk. Socken sind Geschenke, oder Krawatten. Oder Blumen. Oder ein schöner Schinken. Das sind Geschenke. Kritik ist ein Tritt in die Eier. Ein Fremdbild. Und ich dulde keine Fremdbilder in meinem Haus. Pinselt doch zu Hause an euren eigenen Bildern herum. Unter Höflichkeitsgesichtspunkten ist das tatsächlich ein Dilemma. Einerseits ruft die Höflichkeit auf, bloß nicht Tacheles zu reden, die Contenance zu wahren und Diskretion zu üben. Andererseits seien die Höflichen solche, die um ihre Wirkung auf andere wüssten. Das passt nicht zusammen. Denn woher soll man über seine Wirkung auf andere wissen, wenn keiner Fremdbilder liefert? So ganz alleine kommt man seinen Marotten – auch bei redlichster Selbstreflexion – nicht auf die Schliche. Wir sind befangen. Man ist das, was man zeigt. Wir können zu Hause an unserem Wunschbild pinseln, so viel wir wollen. Erst die Farben der Meinungen Dritter machen unsere Palette komplett. Kritik wird nur dann zu einem Geschenk, wenn Beobachter und Beobachteter nicht aus der Rolle fallen. Wenn das Modell stillhält und der Maler sich bemüht, ihm gerecht zu werden.

Doch das ist harte Arbeit. Weil Maler gerne beurteilen, statt zu beobachten, verallgemeinern und auf die

Person als Ganzes zielen (»Du bist halt durch und durch ignorant!«), konsequent Worte wie »immer«, »nie«, »man«, »ist« verwenden. Jede Reaktion des Kritisierten als Widerworte betrachten und das Gesagte mit der Einleitung »Noch mal …« mit Nachdruck wiederholen. Wie unversöhnliche Elefanten, die noch nach Jahren gnadenlos abrechnen, so wenig wie möglich von ihren eigenen Bedürfnissen und Emotionen sprechen, die selbstverständlich nichts mit dem eigenen Blick zu tun haben. Schließlich gehts ums Prinzip! Und die Modelle? Sind dünnhäutig, lassen nichts gelten, rechtfertigen sich, suchen nach Alibis, machen dem Maler ein schlechtes Gewissen. Wenn das nicht klappt: Schuldzuweisungen. Feuer erwidern, Böswilligkeit unterstellen und Spieß rumdrehen: »Das musst du gerade sagen!«

DESHALB, MALERFÜRSTEN:

Lasst euch nicht runterziehen von Fremdbildern. Wer könnte euch besser kennen als ihr selbst?

SCHNAUZE, SPIEGLEIN

Kommst aber ganz schön nah ran, Moritz!« So sprach meine Tischdame. Schluck. Hallo? Direkte Rückmeldung ist in den Kodizes der Höflichkeit eigentlich nicht vorgesehen. Was bildete die sich ein? Da müssen ja wohl zahlreiche andere Grenzen überschritten werden, bevor Tischdamen derlei schweres Geschütz auffahren.

Und während ich peinlich berührt um eine Antwort rang, gewitterte es in mir, und Blitze zuckten durch meinen Kopf: Was kann ich dafür, dass ich so nah rankomme, was unterstellt die mir eigentlich? Wie unhöflich ist das denn, jemandem so unverblümt die Meinung ins Gesicht zu sagen.

Tischdamen-Zeugnis ungenügend. 6 minus, setzen. Ach, sie sitzt ja bereits. Mmh … Soll sich halt mal nicht so haben, was bildet die sich eigentlich ein? Glaubt die etwa, ich wolle sie abschleppen, die alte Schachtel? Ist das 'ne Party oder ein Kindergeburtstag? Es ist halt verdammt laut hier, da muss ich ja wohl näher ranrücken. Ich höre auf dem Ohr schlecht. Kann sie sich doch denken. Frech.

Dann antwortete ich schließlich einigermaßen ge-
fasst: »Tut mir leid, ich wollte dir nicht zu nahe kommen.
Das ist mir echt unangenehm.«

DESHALB, KRITIKER:

**Wer der größte Rüpel im Raum ist,
ist im falschen Raum.**

BULLSHIT-BINGO

Habt ihr was zu schreiben? Dann schreibt mal zehn Verhaltensweisen auf, die ihr im Umgang mit Menschen für besonders wichtig haltet. Seid konkret. Bullshit-Bingo wie »Respekt, Empathie, Vertrauen, Aufmerksamkeit« etc. will ich nicht lesen. Keine Mon-Chérie-Worte. Also Worte, zu denen niemand Nein sagen kann. Ich will konkret wissen, wie sich Respekt zeigt, Empathie anfühlt, Vertrauen entsteht und wann es aufzumerken gilt.

Fertig? Merkt euch: Jede zukünftige Begegnung in eurem Leben könnte so schön sein, wie ihr sie euch gerade mit Stift auf Papier ausgemalt habt. Alles, was euch daran hindert, ist der miese Knochen, diese Nervensäge, der Heini, Vogel oder Lump, der da gerade vor euch steht, sitzt, liegt, geht, mit 29 vor euch herschleicht in der 30er-Zone oder hinter euch auf der Lichthupe steht. Mit euch hat das Misslingen eurer Begegnungen nichts zu tun. Merkt euch das.

Nicht zuhören, andere bloßstellen, sich selbst gerne reden hören, anderen über den Mund fahren, dünnhäutig sein, alles auf die Goldwaage legen, unkonzentriert sein? Das kennt ihr nur vom Hörensagen. Ihr wisst natürlich, dass ihr nicht perfekt seid. Denn das wirkt auf andere Menschen abschreckend. Eure Mängel sind aber eher so wie die Zahnlücke von Vanessa Paradis: so ein ganz kleines bisschen sexy. Ihr seid gute Zuhörer, großzügige Menschen, keine Klugscheißer, unterhaltsam, mit guter Kinderstube, ohne zu steif zu sein. Souverän und gelassen. Sollte euer Gegenüber allerdings hier und da verwirrend positive Eigenschaften zeigen, entzaubert sie umgehend und unmissverständlich. Denn dahinter muss ein perfider Plan stecken. Heiratsschwindler zum Beispiel sollen besonders empathische und sympathische Menschen sein.

DESHALB, IHR PHILANTHROPEN:

**Negativ die anderen,
positiv ihr selbst.**

DAS ICH IM DU

Im Café. Monolog einer Freundin über eine andere Freundin:

»Es ist doch unglaublich. Was denkt die sich? Ich erwarte ja nicht viel, aber ein wenig Interesse für das, was ich tue, ist doch nicht zu viel verlangt? Wenn sie sich mal bequemt, mich was zu fragen, dann bin schon ein wenig erschreckt, was da für Phrasen gedroschen werden. Ich verlange wirklich nicht viel. Du kennst mich ja.

Alles, was ich sage, wird auf die Goldwaage gelegt. So empfindlich, so dünnhäutig ist die geworden. Als wollte ich ihr was Böses. Was ist denn so schlimm daran, mal einen Ratschlag von mir anzunehmen? Ich kenn mich auf dem Gebiet eben ganz gut aus, und sie hat keinen blassen Schimmer. Die steht sich doch dauernd selbst im Weg. Einen kleinen Schubs kann die ganz gut gebrauchen. Du kennst sie ja, die muss man zu ihrem Glück zwingen. Da tut sich doch nichts in deren Leben. Nur noch Nostalgie und leiden an der Gegenwart. Ist ja sonst niemand in ihrer Nähe, der sich traut, das mal laut auszusprechen. Kann doch froh sein, dass ihr jemand mal ehrliche Rückmeldung gibt. Die anderen bestärken sie ja auch in ihrem Unsinn oder tuscheln hinter vorgehaltener Hand. Letztlich habe ich sie damit konfrontiert, da habe ich sie festgenagelt, du weißt ja, wie sie immer wieder versucht auszuweichen. Aber nicht mit mir, das weiß sie ganz genau. Sie weiß, dass ich sie kenne. Ich weiß, wie sie tickt. Ich will doch nur ihr Bestes!«

Man sagt, alles, was man sagt, sagt man über sich selbst. Und ich glaube, mit Recht, weil es den anderen nur aus meinem Blickwinkel gibt. Weil wir am anderen oft genug leiden, und für dieses Leiden muss der andere zahlen, indem wir uns über ihn erheben, weil wir wissen, was gut für ihn ist. Er hilft uns dabei, uns zu vergessen. Urlaub vom eigenen Ich, glauben wir. Dabei sind wir nie zu sehr bei uns, wenn wir über andere sprechen. Wir hören uns meist nur nicht zu.

DIE KONVENTIONELLE
ÜBERFLÜSSIGKEITSERKLÄRUNG

Woran erkennt ein Amerikaner einen Kanadier? Er ist der Einzige, der am Geldautomaten »Danke« sagt. Wenn du jemanden beobachtest, der die Computerstimme der Telekom-Hotline um etwas bittet, melde das umgehend bei der nächsten Polizeidienststelle. Misch dich keinesfalls ein oder lass dich in ein Gespräch verwickeln. Die Person ist mit Höflichkeit infiziert und gefährlich. Befallene Personen lassen nichts unversucht, Begegnungen gelingen zu lassen. Sie würden auch im Fall der Zombie-Apokalypse den zerfledderten Heraneilenden die Fahrstuhltür aufhalten. Diese Höflichen müssen immer das letzte Wort haben: Sagt einer »Danke«, sagen die »Keine Ursache«, »Gern geschehen«, »Da nich für«, »Jederzeit« oder »Ich bin nur ein Wurm unter der Sohle Ihres Maßschuhs«.

Schluss mit dem Staatstheater! Wer konsequent auf den Dank verzichtet, der nimmt dem anderen die Gelegenheit, sich zur selbstlosen Grazie zu stilisieren, die sich von ihren profanen Bedürfnissen und Leidenschaften längst befreit hat. Probieren Sie es mal bei Ihrem nächsten Restaurantbesuch aus, wenn das Essen nicht zeitgleich serviert wurde, aber Sie den Teller bereits vor sich haben. Sagen Sie einfach: Ich fang schon mal an, wäre ja schade, wenn das Essen kalt wird. Wenn Sie selbst warten müssen, bieten Sie auf keinen Fall einem der »Mitesser« an, schon mal anzufangen. Sollte ein anderer diesen Vorschlag unterbreiten, fahren Sie ihm in die Parade: »Die zwei Minuten können wir doch noch warten, bis alle haben.« Dann ist sie schnell dahin, die von höflichen Menschen immer wieder propagierte Selbstbeherrschung. Dann zeigen sich die Emotionen, die doch längst als verbannt galten, dann platzen die steifen Kragen schneller als die Würstchen auf dem Grill. Dann zeigen die ach so Selbstdisziplinierten ihr Bluthochdruck-Gesicht.

»Was kümmert dich am Ende das Urteil der ganzen Welt, wenn du das tust, was du tun sollst.«

Adolph Freiherr Knigge

DESHALB, HOHEITEN:

Lasst, was ihr sollt. Seid unaufmerksam gegenüber den Interessen und Empfindungen eurer Mitmenschen und ignoriert ihre Aufmerksamkeiten euch gegenüber.

DEUTSCH-FRANZÖSISCHE FEINDSCHAFT

Ich bin völlig irritiert. Wir kennen uns seit über 20 Jahren, und eigentlich ist Jacques sehr unkompliziert. Aber seit mehr als einem Jahr redet er nur noch das Nötigste. Ich weiß gar nicht nicht, was los ist.«

»Was ist denn passiert?«

»Eigentlich nichts. Jacques hatte mich gebeten, ihm einen Kasten Bier aus Deutschland mitzubringen. Das habe ich gemacht. Er fragte mich dann, was er mir schuldig sei, und ich sagte: ›Nichts. Das ist ein Geschenk.‹ Er erwiderte: ›Nein, das kann ich nicht annehmen.‹ Und ich sagte: ›Gut, dann gib mir 15 Euro.‹«

»Alles klar. Böse. Böse. Konventionelle Überflüssigkeitserklärung nicht gespielt!«

»Was für ein Ding?«

»Dinge für überflüssig erklärt, die nicht überflüssig sind. Jedenfalls nicht oft genug! Mindestens eine Runde zu wenig gespielt: ›Nein wirklich, das ist ein Geschenk.‹ – ›Nein, das kann ich nicht annehmen.‹ – ›Nein wirklich, das ist ein Geschenk.‹ Und so weiter.«

Die konventionelle Überflüssigkeitserklärung ist das Rückgrat der Höflichkeit, ihr elementares Spiel. Wer es beherrscht, der weiß nicht nur um das Wesen der Höflichkeit, sondern erweckt es zum Leben. Der ist aufmerksam, gibt anderen die Gelegenheit zur Aufmerksamkeit und belohnt diese. Der hat Takt und Stil.

Wer dieses Rückgrat bricht, der macht die Höflichkeit zum Pflegefall, der wahrt nicht das eigene Gesicht und das von Jacques erst recht nicht. Warum auch?

DESHALB, IHR GÖNNER:

Verweigert anderen die Gelegenheit, das Nicht-Überflüssige für überflüssig zu erklären.

DIE RHETORIK
DER UNHÖFLICHKEIT

Ich hab mein Passwort vergessen, ihr Affen.

Serviceanfrage an einen befreundeten
Internet-Unternehmer

Res et Verba. Das ist Latein und muss ja wohl nicht übersetzt werden. Schließlich sind wir Beherrscher der Höflichkeit in Athen, Rom und Jerusalem groß geworden. Aber gut. Weil ihr es seid, Novizen: Dinge und Worte, also Idee und Erscheinung, wie soll ich sagen, Würstchen und Schlafrock, also Inhalt und Verpackung. Genau. Das sind *Res* und *Verba.* Und die beiden gehören für Menschen, die unter Menschlichkeit mehr verstehen, als aufrecht gehen zu können, zusammen wie Ernie und Bert, wie Pink und Floyd, wie Topf und Deckel.

Also: Überwindet Inhalte. Es ist allein der Kristallschliff eurer Rede, der den Dunst im Stall zum Leuchten bringt. Was ihr sagt, interessiert keine Sau. Außerdem verstehen die ganzen Ochsen, Esel, Schafe, Kamele und Rindviecher eh nix. Lasst also das große Ganze großes Ganzes sein. Befreit euch endlich von inneren und äußeren Autoritäten. Ihr habt eine Meinung; geht auf

Sendung mit eurer frohen Ego-Botschaft. Dreht den Verstärker auf. Kann euch wirklich jeder hören?

Und noch ein Tipp vom Profi: Solange ihr redet, müsst ihr euch den ganzen Bockmist nicht anhören, den die anderen so von sich geben. Die Wahrheit ist wie ein Schinkenbrötchen: Hauptsache saftig belegt. Also zitiert Studien, Experten, jemanden, der da war und es gesehen hat. Denn die müssen es wissen. Etappenziel an der Redefront ist die bedingungslose Kapitulation des eingekesselten Gesprächsfeindes. »Ich nehme alles zurück, Herr Knigge, und behaupte das Gegenteil.« Recht so. Und jetzt Rand halten. Wenn das Schinkenbrötchen spricht, schweigen die Krümel.

»NOCH MAL: NOCH MAL«

Sichert den Heerwurm eures Monologes an den Flanken gegen Einwände ab. Euer »Noch mal: …« lässt andere wissen, dass sie erzählen können, was sie wollen. Nur euch nicht. Euch kann nämlich keiner was erzählen, weil ihr es ja schon wisst. Immerhin nehmt ihr euch die Zeit, es noch mal zu erklären. Also, noch mal.

»APROPOS«

Standard-Frage in meinen Seminaren: »Welche Fähigkeit schätzen Sie an anderen?« – Top-Antwort: »Zuhören.«

Das gefällt mir immer wieder. Warum? Ist doch klar. Wenn der andere zuhört, redet nur einer: ich. Seid ihr aber einmal aus welchen Gründen auch immer in die Zuhörer-Falle gegangen, vermeidet, euch auf den Zusammenhang zu konzentrieren. Er könnte interessant sein, und ihr könntet völlig die Kontrolle verlieren. Bleibt deshalb nah am Wortlaut. Jede einzelne Silbe kann Stichwort für euch sein, das Gespräch zurück auf ein wirklich wichtiges Thema zu bringen: eures. Fällt es endlich, strickt eine eigene Story. Denkt daran: Zusammenhang bedeutungslos. Apropos Stricken: Habe ich euch schon einmal die Geschichte vom Freund meines Opas erzählt, der 1953 bei der Weltmeisterschaft in Budapest im Strickpulli-Stricken teilgenommen hat?

»Ja, mehrfach.«

Die ist lustig, ne? Also das war im Sommer 53. Sommer. Versteht ihr? Strickpulli im Sommer …

»SCHÖNEN GRUSS VOM MURMELTIER«

»Hüte Dich, in den Fehler derjenigen zu verfallen, die aus Mangel an Gedächtnis oder an Aufmerksamkeit auf sich, oder weil sie so verliebt in ihre eigenen Einfälle sind, dieselben Histörchen, Anekdoten, Späße, Wortspiele, witzigen Vergleichungen und so ferner bei jeder Gelegenheit wiederholen.«

Hatte ich schon erwähnt, dass ich das Hauptwerk Adolph Freiherr Knigges für ein zeitloses Meisterwerk halte?

»Ja, mehrfach.«

Sehr gut. Denn ich halte das Hauptwerk meines berühmten Vorfahren *Über den Umgang mit Menschen* für ein zeitloses Meisterwerk, das auch heute nichts von seiner Gültigkeit verloren hat.

»SCHON GEWUSST?«

Strebt ihr aber den direkten Weg in die gesellschaftliche Isolation an, habe ich das »Schon gewusst?«-Spiel für euch. Andere für dumm verkaufen. Sie behandeln, als wären sie zu heiß gebadet worden, mit dem Klammersack gepudert oder auf den Kopf gefallen. Schon mit wenig Übung werden sich euch überall wundervolle Gelegenheiten auftun, eure Mitmenschen zur Weißglut zu treiben. Probiert es aus. Erläutert dem Rollstuhlfahrer, warum das Rathaus dringend einen Aufzug braucht. Findet den besten Barmixer der Stadt und klärt ihn auf, wie ein Moscow Mule zu schmecken habe. Zeigt einem Chinesen, wie man mit Stäbchen isst. Gebt Vierlingseltern Erziehungstipps. Marathonläufer brennen lichterloh auf für die Kernthesen eurer Kohlehydrat-Diät. Programmierer für eure Visionen von Künstlicher Intelligenz (schließlich speist sich eure Expertise aus dem umfassenden und wiederholten Studium der bedeutendsten Science-Fiction-Blockbuster). Nur eines bedenkt: Lasst euch nicht auf Reaktionen eures Gegenübers ein. Egal, ob der andere auch schon mal einen gebrochenen Arm hatte, befördert wurde, seine Schwimmbrille verloren hat oder den Bruder bei einem Autounfall. Ihr seid hier die Headliner. Alle anderen: Vorband.

»DAS GLASKINN«

Als »Glaskinn« bezeichnet man im Allgemeinen einen Boxer mit geringen Nehmerqualitäten, zum Beispiel Wladimir Klitschko. Den aufgrund zweier K.-o.-Niederlagen vor dem Kampf einige Gegner mit diesem Schmähtitel bedachten. Nach dem Kampf eher wenige. Ein Glaskinn hat, wer zwar gut austeilen, aber wenig einstecken kann und schnell beleidigt ist. Das Glaskinn ist die edelste Eigenschaft des Beherrschers der Höflichkeit. Denn wie ist der wahre Herrscher? Hart gegen andere, empfindsam gegen sich selbst.

ANSTANDSDAME DEMUT

Nehmen wir einmal an, die Höflichkeit würde tatsächlich so formvollendet auftreten, wie sie sich selbst auf die Schulter klopft, eine Schwachstelle bliebe doch: ihre schnelle Auffassungsgabe. Sie hat Schwierigkeiten, sich auf das Tempo ihrer Mitmenschen einzustellen, sie ist den anderen oft drei Schritte voraus. Den Rüpeln sowieso, aber auch denen, die sich stets bemüht haben. Wer anderen ständig zuvorkommt, der läuft Gefahr, dass sie sich in seiner Nähe unwohl, gar zurückgesetzt fühlen. Das Perfekte, das Vollkommene nervt: Wenn die Höflichkeit den Menschen so scheinen lässt, wie er eigentlich sein *müsste*, wie kann es dann bitte schön sein, dass tatsächlich ein Menschling würdevoll, wohlwollend und zuvorkommend ist? Kein Mensch hat Lust, ständig zweite Geige zu spielen, weil ihm dauernd ein makelloses Wesen zuvorkommt: Das heruntergefallene Wechselgeld ist schon aufgehoben, das Feuer gegeben, die aufmunternden Worte gesprochen, die vornehme Zurückhaltung geübt, der Brotkorb weitergereicht und der Sitzplatz angeboten.

Höfliche Streber. Ätzend. Und ausgebufft noch dazu: Die Höflichkeit weiß nämlich sehr genau, dass Perfektion einschüchtert und andere dazu reizt, etwas Schönes kaputt zu machen, wie Edward Norton alias Brad Pitt in *Fight Club*. Damit ihr nicht Gleiches blüht (blutverschmierte Visage), trifft die Höflichkeit Vorkehrungen.

Deshalb trifft man sie nie alleine an, sondern immer in Begleitung ihrer Anstandsdame mit dem schönen Namen Demut. Die Demut ist ihr Bodyguard, sie schützt die Höflichkeit davor, hochmütig zu werden. Sie sorgt dafür, dass die Höflichkeit es nicht übertreibt mit ihrer Geschmeidigkeit, dass sie nicht abhebt! Sie ist es, die die Höflichkeit bewahrt, sich im Glanz der eigenen Makellosigkeit zu sonnen, die ihr Tempo drosselt, damit auch andere die Gelegenheit bekommen, ihre höflichen Talente zur Geltung zu bringen. Sie ist es, die milde lächelt, wenn die Höflichkeit über die Unhöflichkeit im Allgemeinen oder im Besonderen zu wehklagen beginnt. Die Demut beschützt das menschliche Antlitz der Höflichkeit, bewahrt ihre Schönheit und sorgt dafür, dass sie nicht verhärmt und einsam wird.

Und darum muss sie verschwinden. Ohne Demut ist die Höflichkeit nur noch ein Schatten ihrer selbst. Eine hochmütige Diva, die über ihre eigene Schleppe stolpert.

DAHER, DENKMALSTÜRZER:

Beraubt die Höflichkeit ihrer Anstandsdame Demut, und sie bringt sich ganz von selbst zu Fall.

DER OLLE JORGE

Vielleicht gibt es am Ende nur eins zu tun, wenn man die Menschen liebt: sie über die Wahrheit zum Lachen zu bringen, die Wahrheit zum Lachen bringen, denn die einzige Wahrheit heißt: lernen, sich von der krankhaften Leidenschaft für die Wahrheit zu befreien.

Umberto Eco, *Der Name der Rose*

Der blinde Jorge von Burgos, William von Baskervilles Gegenspieler, kann das Lachen nicht ertragen, weil es gefährlich ist. Lebensgefährlich für Gott und die, die über ihn lachen. Wer lacht, dessen letztes Stündlein hat geschlagen. Denn Jorge ist strenger, als die Polizei erlaubt. Jorge hat Angst. Davor, dass das zweite Buch der Poetik des Aristoteles in falsche – sprich in menschliche – Hände gerät. In diesem zweiten Buch der Poetik lehrte der kluge Grieche seine Leser, jeder Wahrheit die Maske vom Gesicht zu reißen, damit sie nicht Sklaven ihrer Einbildungen werden.

Ein Nachfahre des miesepetrigen Jorge saß letztlich ein paar Reihen über mir im Theater. Auf der Bühne wurde der *Sommernachtstraum* von Shakespeare gegeben. Auch der Jorge im Theater hasste das Lachen, von dem es im *Sommernachtstraum* reichlich gibt. Die Frau, die eine Reihe hinter ihm saß, wusste das nicht, und das wäre ihr beinahe zum Verhängnis geworden. Denn sie lachte gerne, oft und laut. An dafür vorgesehenen Stellen, aber auch an anderen Stellen, an denen außer ihr niemand lachte. Ich selbst habe auch oft gelacht. Wegen des Stücks, aber auch wegen des Lachens der Frau. Doch mitten im Stück blieb mir kurz das Lachen im Halse stecken. Da hörte ich den Jetztzeit-Jorge zischen:

»Hör endlich auf zu lachen und halt deine dumme Schnauze!«

Stille Entgeisterung.

Dann sang die Frau laut in die Stille, zur Melodie eines alten, berühmten Schlagers:

»Wir lassen uns das Lachen nicht verbieten,

keine Angst, keine Angst, Rosmarie!«

Und der ganze Saal lachte mit.

Ohne Humor ist alles nichts: Humor schützt vor blinder Wahrheitsliebe. Humor rettet Situationen und hilft, Peinlichkeiten wie durch Zauberhand aufzulösen. Humor schützt davor, sich zu wichtig zu nehmen. Es darf gelacht werden. Auch zu laut, auch an den falschen Stellen, sonst nimmts ein böses Ende.

TRUTH WELL TOLD

Eine Semmel enthält 140 Kalorien, 700 Semmeln
pro Jahr ergeben 98.000 Kalorien, diese benötigt
man, um eigenhändig einen Elefanten neun Zenti-
meter weit zu tragen. Aber wozu?

Loriot

Menschen wünschen sich Menschen, die sie zum Lachen bringen und über sich selbst lachen können.
Wenige finden solche, und wenn, dann lassen sie sie nie
wieder los. Viele finden andere, und manche bleiben
lieber allein. Das Leben ist schon kompliziert genug,
da braucht man keine humorbefreiten Besserwisser an
seiner Seite. Aber sauer macht lustig, und Humor ist,
wenn man trotzdem lacht: über den Irrsinn und die
Schönheit des Lebens, den eigenen Blödsinn und die
eigenen Abgründe. Lachen ist gesund. Lachen befreit.
Wer uns zum Lachen bringt, der erlöst uns von unseren
Klößen im Hals, von dem, was uns auf der Seele und
schwer im Magen liegt. Wer über sich selbst lacht, der
nimmt sich nicht zu ernst und andere dafür ernster.
 Der löst gordische Knoten auf und bewahrt Missverständnisse davor, zu handfesten Konflikten zu mu-

tieren. Der ist mutig genug, das Positive zu sehen und dem Negativen mit würdigem Witz zu begegnen. Kein Langweiler, der ständig auf die Wahrheit pocht, weil er hinter allem eine Ordnung vermutet. Keiner, der seine Mitmenschen mit den immer gleichen Monologen Frikadellen oder komplette eiskalte Buffets ans Ohr labert. Der anderen die große Welt erklärt und dabei die kleinen Welten um sich herum vergisst. Der leidenschaftlich für die Kontrolle der Leidenschaft kämpft und gnadenlos gegen die Unvernunft wettert. Der akribisch die Mosaiksteinchen einer, *seiner* Weltordnung zusammensammelt, an der er lange genug herumgebastelt hat, um sich diese nun von irgendwelchen dämlichen Einwänden madig machen zu lassen. Da gibt es nichts zu lachen und auch nichts zu schmunzeln. Ein wenig mehr Respekt für die Mühen, die man sich gemacht hat, wird man wohl erwarten dürfen.

Es ist der Eifer der Vernunft, der selbige daran hindert, jener geistreiche Unterhalter zu sein, für den sie sich hält. »Vor allen Dingen vergesse man nie, daß die Leute amüsiert sein wollen, daß selbst der unterrichtendste Umgang mit ihnen in der Länge ermüdend vorkommt, wenn er nicht zuweilen durch Witz und gute Laune gewürzt wird«, schrieb Adolph Freiherr Knigge in *Über den Umgang mit Menschen*.

Ich erinnere mich noch gut an ein Gespräch mit einem geschätzten Kollegen. Sprich einem Menschen, der es ebenso wie ich gewohnt ist, vor anderen auf einer Bühne zu sprechen.

»Weißt du, Moritz, was ich nie vergessen werde?«

»Was denn?«

»Es ist ewig her, das Feedback einer jungen Zuhörerin nach meinem ersten Vortrag. Weißte, was die gesagt hat? ›Inhaltlich 1a, rhetorisch brillant. Aber wo ist der Witz?‹«

WITZ IST WEG

*Der Pharisäer stand und betete bei sich selbst
also: Ich danke dir, Gott, dass ich nicht bin wie die
anderen Leute, Räuber, Ungerechte, Ehebrecher,
oder auch wie dieser Zöllner.*

Lukas 18:11

Beherrschen bedeutet, sich völlig witzlos eins mit der Höflichkeit zu wähnen. Sie für sich zu beanspruchen und anderen abzusprechen. Wer beherrscht die Höflichkeit? Die Eingebildeten, die Sich-selbst-auf-die-Schulter-Klopfer, die Klugscheißer, die, die keine Fragen, sondern nur Antworten haben, und die, die dasselbe von anderen behaupten.

Beherrscht die Höflichkeit, indem ihr euch den Bauch mit Weisheit vollschlagt, bis ihr kugelrund in der Ecke liegt und schnarcht, während sich die anderen unterhalten wollen.

Beherrscht die Höflichkeit, indem ihr euren Anteil am Zoff reduziert und euren Beitrag zum Gelingen hochjazzt.

Schießt mit dem Todesstern auf jeden Spatzen und klopft euch so lange gegenseitig auf die Schulter, bis ihr zum Arzt müsst.

Beherrscht die Höflichkeit, indem ihr euch vehement von eurer Unhöflichkeit distanziert und fest an die Unhöflichkeit der anderen glaubt.

Die Höflichkeit sagt:

»Wer etwas wirklich beherrscht, ist Teil von mir geworden. Wer viel über den Umgang mit Menschen weiß, weiß noch lange nicht mit ihnen umzugehen. Wer aber höflich ist, der weiß mit Menschen umzugehen.«

Die Unhöflichkeit antwortet:

»Ich will kein Teil von etwas sein. Alles soll Teil von mir sein.«

EPILOG

Wer bin ich? Sie sagen mir oft,
ich träte aus meiner Zelle
gelassen und heiter und fest.
wie ein Gutsherr aus seinem Schloss.

Wer bin ich? Sie sagen mir oft,
ich spräche mit meinen Bewachern
frei und freundlich und klar,
als hätte ich zu gebieten.
Wer bin ich? Sie sagen mir auch,
ich trüge die Tage des Unglücks
gleichmütig, lächelnd und stolz
wie einer, der Siegen gewohnt ist.

Bin ich das wirklich, was andere von mir sagen?
oder bin ich nur das, was ich selbst von mir weiß?
unruhig, sehnsüchtig, krank, wie ein Vogel im Käfig,
ringend nach Lebensatem, als würgte mir einer die Kehle,
hungernd nach Farben, nach Blumen, nach Vogelstimmen,
dürstend nach guten Worten, nach menschlicher Nähe,
zitternd vor Zorn über Willkür und kleinlichste Kränkung,
umgetrieben vom Warten auf große Dinge,
ohnmächtig bangend um Freunde in endloser Ferne,
müde und leer.

Aus Dietrich Bonhoeffer, Wer bin ich?

Mein Freund Oskar ist Christ. Seine Frau ist vor zehn Jahren aus der Kirche ausgetreten. Aber sie denkt wie eine Handvoll andere darüber nach, wieder einzutreten. Als sie Oskar von ihrem Plan erzählt hat, hat er sie gezwickt und gesagt: »Du weißt schon, Schatz, dass man als Christ die Menschen ein wenig mögen muss.«

Deshalb, nun fast fertige Meister der Unhöflichkeit, gleich welchen Glaubens:

Der höfliche Mensch denkt so, dass Möglichkeiten wachsen.

Der unhöfliche so, dass kein Gras mehr wächst.

Unhöfliche Menschen mögen ihre Mitmenschen nicht.

Der Höfliche liebt und tut, was er will.

Der Unhöfliche winkt ab.

Ist menschlich.

DAS HAT MAN
NUN DAVON

Mit Oscar Wilde begann diese Anleitung, mit ihm soll sie enden:

»Jedes Nachdenken über gutes oder schlechtes Benehmen zeugt von einem Stillstand der geistigen Entwicklung.«

Und Alain fügt hinzu:

»Ein kleiner Kerl, der bis dahin nur dummes Zeug gemacht hatte, schrieb eines Tages sauber eine halbe Seite Auf- und Abstriche. Die Lehrerin ging an den Bankreihen entlang und teilte Fleißkärtchen aus: Als sie keine Anstalten machte, die mit so viel Mühe geschriebene halbe Seite auch nur zur Kenntnis zu nehmen, sagte der Kleine: ›Scheiße! Das hat man nun davon!‹«

QUELLENVERZEICHNIS

* Seite 9: Heinz von Foerster, Bernhard Pörksen: *Wahrheit ist die Erfindung eines Lügners.* Carl-Auer Verlag, Heidelberg 2008.

* Seite 11: Oscar Wilde: *Eine Frau ohne Bedeutung.* Aus dem Englischen von Kuno Epple. 8. Auflage. Reclam, Stuttgart 1980.

* Seite 15: Lewis Carroll: *Alices Abenteuer im Wunderland.* Aus dem Englischen von Günther Flemming. Reclam, Stuttgart 1999.

* Seite 16: Benjamin Franklin: *Advice to a young tradesman.* In: Max Weber: *Die protestantische Ethik und der Geist des Kapitalismus.* Area, Erftstadt 2005.

* Seite 30f: *A Beautiful Mind.* Regie: Ron Howard. USA 2001. Transkribiert und sinngemäß übersetzt von Knigge/Schellberg/Strauch.

* Seite 62: Ernst Jünger, Heimo Schwilk (Hrsg.): *Feldpostbriefe an die Familie 1915–1918.* 2. Auflage. Klett-Cotta, Stuttgart 2014.

* Seite 66: Zitiert nach Karl Heinz Bohrer: *Kein Wille zur Macht.* In: Heinz Bude, Joachim Fischer, Bernd Kaufmann (Hrsg.): *Bürger-*

lichkeit ohne Bürgertum. Wilhelm Fink Verlag, München 2010.

* Seite 74: Humberto Maturana: *Das Erkennen des Erkennens verpflichtet.* In: Bernhard Pörksen: *Die Gewissheit der Ungewissheit – Gespräche zum Konstruktivismus.* 2. Auflage. Carl-Auer Verlag, Heidelberg 2008.

* Seite 76: Zitiert nach Oma Kostka im MTV-Werbespot von Aimaq von Lobenstein. www.youtube.com/watch?v=vn42scVUmPw (abgerufen am 7. Mai 2015).

* Seite 77: Jean-Paul Sartre: *Geschlossene Gesellschaft.* Aus dem Französischen von Traugott König. Rowohlt, Hamburg 1991.

* Seite 86: Adolph Freiherr Knigge: *Über den Umgang mit Menschen.* Insel, Frankfurt am Main 1977.

* Seite 95: Sebastian Dürre, Philipp Grütering, Gereon Klug, Mario Wesser: *Leider geil.* Interpret: Deichkind. BMG/ Edition Deichkind/ Hanseatic/ Most Wanted Edition, 2012.

* Seite 96: Friedrich Schiller: *Kallias oder über die Schönheit / Über Anmut und Würde.* Reclam, Stuttgart 1994.

* Seite 103: Arthur Schopenhauer: *Die Stachelschweine*. In: *Parerga und Paralipomena II*. 7. Auflage, Diogenes, Zürich 2007.
* Seite 104: Alain: *Die Pflicht, glücklich zu sein*. Aus dem Französischen von Albrecht Fabri. Suhrkamp, Frankfurt am Main 2005.
* Seite 105: Jean de La Bruyère: *Charaktere*. Aus dem Französischen von Otto Flake. Fourier, Wiesbaden 1979.
* Seite 110: Brigitte Felderer und Thomas Macho (Hrsg.): *Höflichkeit – Aktualität und Genese von Umgangsformen*. Wilhelm Fink Verlag, München 2002.
* Seite 113f: Anekdote erzählt nach Friedrich Torberg: *Die Tante Jolesch oder der Untergang des Abendlandes in Anekdoten*. Deutscher Taschenbuch-Verlag, München 1977.
* Seite 115: Steve Kipner, Terry Shaddick: *Physical*. Interpret: Olivia Newton-John. MCA, 1981.
* Seite 116: Samy Molcho: *Körpersprache*. Goldmann, München 1996.
* Seite 122: *Fast wia im richtigen Leben*. TV-Serie von Gerhard Polt. Folge 4, Szene 1. Regie: Hanns Christian Müller. Bayerischer Rundfunk, 1980.
* Seite 123–127: Stefan Gärtner, Jürgen Roth: *Benehmt euch! / Ein Pamphlet*. Dumont, Köln 2013.
* Seite 133: Voltaire in einem Brief an Rousseau. Zitiert nach Jürgen Overhoff: *Lichtkleid zum Lebensglück*. In: *ZEIT Geschichte*. Nr. 02/2013, Februar 2013.
* Seite 135: Nach Christian Morgenstern: *Der Schnupfen*. Aufbau Verlag, Berlin 2000.
* Seite 138: Franziska von Au: *Der neue Knigge – Sichere Umgangsformen für alle Situationen*. 4. Auflage. Ludwig, München 2007.
* Seite 140: »Hausordnung Hogwarts«: Compilation von Knigge/Schellberg/Strauch von Internetquellen: www.gutefrage.net/frage/hogwarts, http://aresto-momento.xobor.de/t1069f2-Schulregeln-von-Hogwarts.html, http://de.harry-potter.wikia.com/wiki/Jaulendes_Jo-Jo
* Seite 142f: schwarzsilber, quopiam: *Wie begrüßt man den Papst?* In: *gutefrage.net – Die Ratgeber-Community*. Stand: 29. September 2011. www.gutefrage.net/frage/wie-begruesst-man-den-papst (abgerufen am 7. Mai 2015).
* Seite 144: O. V.: *Vollwertig essen und trinken nach den 10 Regeln der DGE*. In: *Deutsche Gesellschaft*

für Ernährung e. V. www.dge.de/
ernaehrungspraxis/vollwertige-
ernaehrung/10-regeln-der-dge/
(abgerufen am 7. Mai 2015).

* Seite 148: Astrid Lindgren:
*Die Prinzessin, die nicht spielen
wollte.* In dies.: *Märchen.* Oetin-
ger, Hamburg 1989.

* Seite 156: *»11 goldenen Regeln der
Baufinanzierung«:* https://www.
deutsche-hypothekenhilfe.de/
finanzierung/11-goldene-regeln-
der-baufinanzierung

* Seite 160: Rudolf Ring: *10 praxis-
erprobte Tipps zum Geldsparen
beim Modellbahn-Hobby.* In:
Experto.de. www.experto.de/b2c/
hobby-freizeit/10-praxiserprobte-
tipps-zum-geldsparen-beim-mo-
dellbahn-hobby.html (abgerufen
am 7. Mai 2015).

* Seite 163: O. V.: *Zwölf Goldene
Regeln im Umgang mit Hunden.*
In: *Royal Canin.* www.royal-canin.
de/news-specials/kinder-und-
hunde/12-goldene-regeln-im-um-
gang-mit-hunden/ (abgerufen am
7. Mai 2015).

* Seite 167: O. V.: *10 Regeln für den
Umgang mit DRUCKGASFLA-
SCHEN.* In Industriegaseverband
e.V.: *Sicherheit im Umgang mit
Industriegasen.* Zitiert nach www.
ph.tum.de/about/services/co-

oling/safety/IGV_SHW_7a_10_
Regeln.pdf (abgerufen am 7. Mai
2015).

* Seite 169: Adolph Freiherr
Knigge: *Über den Umgang mit
Menschen.* Insel, Frankfurt am
Main 1977.

* Seite 170: Jean de La Bruyère:
Charaktere. Aus dem Französi-
schen von Otto Flake. Fourier,
Wiesbaden 1979.

* Seite 171: Auswahl zitiert
nach www.dokomi.de/media/
filer_public/5d/69/5d697ab8-
a3d8-490f-9ea9-388d4c7e2d58/
dresscode_2014.pdf (abgerufen
am 7. Mai 2015).

* Seite 176: Astrid Lindgren:
*Die Prinzessin, die nicht spielen
wollte.* In dies.: *Märchen.* Oetin-
ger, Hamburg 1989.

* Seite 177: Baldassare Castiglione:
*Der Hofmann: Lebensart in der
Renaissance.* Aus dem Italie-
nischen von Albert Wesselski.
Wagenbach, Berlin 1999.

* Seite 177: Asfa-Wossen Asserate:
Manieren. Deutscher Taschenbuch-Verlag, München 2005.

* Seite 178: Max Frisch: *Fragebogen.*
Suhrkamp, Frankfurt am Main
1992.

* Seite 181: Ernest Scribbler:
New Jokes for the Pleasant Steam-

boat-Journey. Bloomsbury, London 1901.
* Seite 184: Asfa-Wossen Asserate: *Manieren*. Deutscher Taschenbuch-Verlag, München 2005.
* Seite 196: Michel de Montaigne: *Von der Kunst, das Leben zu lieben*. Aus dem Französischen von Hans Stilett. 4. Auflage. Deutscher Taschenbuch-Verlag, München 2010.
* Seite 205: Hans Christian Andersen: *Des Kaisers neue Kleider*. In ders.: *Das große Märchenbilderbuch von Hans Christian Andersen*. Thienemann-Esslinger Verlag, Stuttgart 2014.
* Seite 215: Adolph Freiherr Knigge: *Über den Umgang mit Menschen*. Insel, Frankfurt am Main 1977.
* Seite 220: Adolph Freiherr Knigge: *Über den Umgang mit Menschen*. Insel, Frankfurt am Main 1977.
* Seite 225: Umberto Eco: *Der Name der Rose*. Aus dem Italienischen von Burkhart Kroeber. Hanser, München/Wien 1982.

* Seite 227: Loriot zitiert nach: o. V.: *»Du dodl di. Do düdl dö« – die besten Sprüche von Loriot*. In: *Passauer Neue Presse*. Stand: 23. August 2011. www.pnp.de/nachrichten/bayern/202213_Du-dodl-di.-Do-duedl-doe-die-besten-Sprueche-von-Loriot.html (abgerufen am 7. Mai 2015).
* Seite 230: Lukas 18,11.
* Seite 232: Manfred Weber (Hrsg.): *Dietrich Bonhoeffer von A–Z*. Gütersloher Verlagshaus, Gütersloh 2010.
* Seite 234: Oscar Wilde zitiert nach: o. V.: *Oscar Wilde / Sätze und Lehren zum Gebrauch für die Jugend*. In: *Wikiquote*. Stand: 21. September 2014. de.wikiquote.org/wiki/Oscar_Wilde#S.C3.A4tze_und_Lehren_zum_Gebrauch_f.C3.BCr_die_Jugend_-_Phrases_And_Philosophies_For_The_Use_Of_The_Young (abgerufen am 7. Mai 2015).
* Seite 234: Alain: *Die Pflicht, glücklich zu sein*. Aus dem Französischen von Albrecht Fabri. Suhrkamp, Frankfurt am Main 2005.

Moritz Freiherr Knigge
mit
Michael Schellberg
Kajo Titus Strauch
ANLEITUNG ZUM UNHÖFLICHSEIN
Von der Kunst, sich virtuos danebenzubenehmen

ISBN 978-3-86265-491-8
© Schwarzkopf & Schwarzkopf Verlag GmbH, Berlin 2015

KATALOG
Wir senden Ihnen gern kostenlos unseren Katalog.
Schwarzkopf & Schwarzkopf Verlag GmbH
Kastanienallee 32, 10435 Berlin
Telefon: 030 – 44 33 63 00
Fax: 030 – 44 33 63 044

INTERNET | E-MAIL
www.schwarzkopf-schwarzkopf.de
info@schwarzkopf-schwarzkopf.de